Klaus Staeck

PLAKATE

Steidl

Bitte fordern Sie unser kostenloses Gesamtverzeichnis an!

1. Auflage Februar 1988
2. Auflage April 1988
3. Auflage Dezember 1988
4. Auflage Januar 1991
5. Auflage November 1992

Fotos: Seite 7: Stefan Gräf, Seite 8, 46: Gerhard Steidl

Umschlaggestaltung: Klaus Staeck/Gerhard Steidl
Gesamtherstellung: Steidl, Druckerei und Verlag,
Düstere Straße 4, 3400 Göttingen
ISBN 3-88243-093-1

Inhalt

Die Plakate

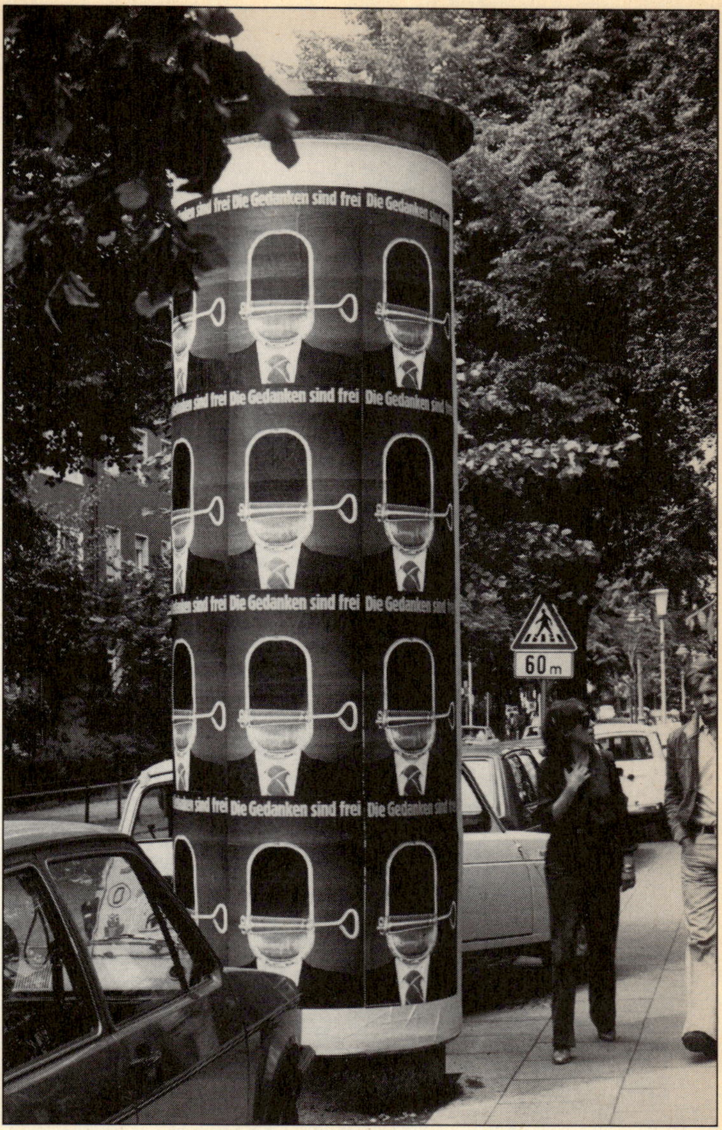

Plakataktion in Bonn, 1979

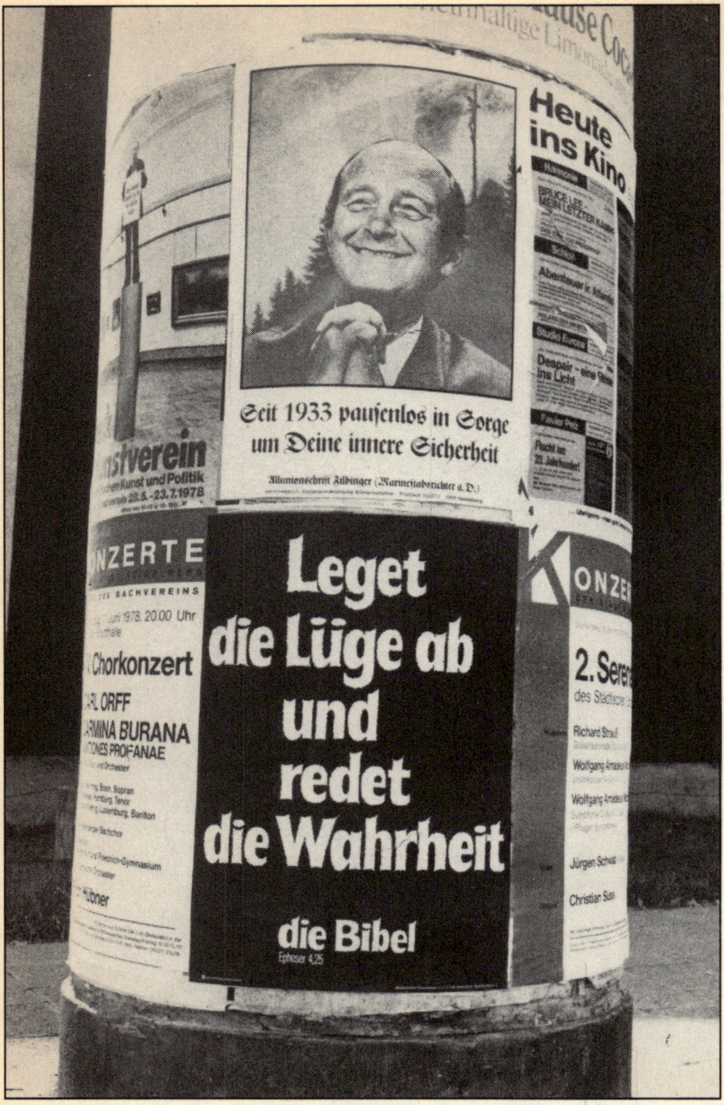

Staeck-Plakat und Plakat der »Süddeutschen Plakatmission e.V.« in Heidelberg, 1978

Wege aus dem Elfenbeinturm

Oder: Wie alles anfing, und wie es weitergeht

»Das Ganze hat mit Kultur nichts zu tun, sondern nur mit blindwütiger Agitation.«

»Die Karikaturen von Klaus Staeck stehen in bester Tradition von Goya, Daumier, Grosz, John Heartfield, Otto Dix und Masereel. Alle diese Künstler waren Kriegsgegner, durchschauten die herrschende Klasse, zeigten die wahren Gründe der Kriege, brandmarkten die Ausbeutung.«

Zwei Zitate, die in etwa das Ausmaß an Gegnerschaft und Zustimmung markieren. Das erste stammt von dem 1988 immer noch amtierenden Bundeskanzler Helmut Kohl. Das zweite ist von dem Philosophen Ernst Bloch überliefert.

Die wesentlichen Arbeitsgebiete sind seit nunmehr zwanzig Jahren Plakat, Postkarte, Aufkleber, Flugblatt, Aktion und Dokumentation. In letzter Zeit sind viele Entwürfe für Buchumschläge und die Organisation großer kultureller Veranstaltungen hinzugekommen. Angestrebt wird nicht die sich elitär gebärdende, sondern eine Massenkunst, an der jeder teilhaben kann, wenn er nur will. Inzwischen ist eine Gesamtauflage von über 15 Millionen erreicht. Die Arbeiten wurden in mehr als 3 000 Ausstellungen im In- und Ausland gezeigt und zahlreiche Plakataktionen an verschiedenen Orten in meist eigener Regie durchgeführt. Mit der Lehrtätigkeit an den Universitäten Essen und Dortmund sowie an der Kunstakademie Düsseldorf begann der Versuch, Kenntnisse und Erfahrungen weiterzugeben.

Angefangen hat alles 1971 in Nürnberg während des Dürer-Jubiläums. Auf eigene Kosten wurde an den städtischen Litfaßsäulen ohne jede Vorankündigung das Porträt von Dürers Mutter mit dem Zusatz »Würden Sie dieser Frau ein Zimmer vermieten?« angeschlagen. Die guten Nürnberger Erfahrungen mit einer für mich bis dahin unbekannten Öffentlichkeit erlaubten kein Zurück mehr zur traditionellen, auf den Museums- und Galerieraum beschränkten Kunst. Zuvor hatte ich als Autodidakt, der nie auch nur einen Tag an einer Kunstakademie studiert hat, abstrakte Ölbilder, Aquarelle und schließlich Holzschnitte in begrenzter Auflage produziert und mit bescheidenem Erfolg in Galerien und Museen ausgestellt.

Ende der sechziger Jahre entstanden die ersten Siebdrucke, Collagen und Objekte mit deutlich erkennbar gesellschaftspolitischen Inhalten. Da sich die meisten Galerien kaum für politische Themen interessierten, entstand ein neues Dilemma. Zwar gab es nun nicht mehr diesen oft quälend und schmerzlich empfundenen Widerspruch zwischen meinem politischen Engagement und der künstlerischen Arbeit, aber die immer noch in kleiner Auflage hergestellten Arbeiten eigneten sich nicht für eine größere öffentliche Verbreitung außerhalb der eingefahrenen Wege des Kunstbetriebes.

Erst mit den Plakaten gelang es wirklich, den als zu eng empfundenen Kunstrahmen zu verlassen und eine Erweiterung des traditionellen Kunstbegriffs zu versuchen. Der Weg zu einem breiten Publikum und zu ganz neuen Erfahrungen war frei. Es traf sich gut, daß im Bundestagswahlkampf 1972 ein bis dahin unbekanntes Bürger-Engagement zugunsten der sozialliberalen Koalition einsetzte und bei dieser politischen Arbeit auch nach Bildern gesucht wurde. Betrug die Erstauflage des Dürer-Mutter-Plakates noch bescheidene 500 Exemplare, so erreichte ein Jahr später das bis zum heutigen Tage immer noch bekannteste Motiv »Deutsche Arbeiter! Die SPD will Euch Eure Villen im Tessin wegnehmen!«

bereits eine Druckauflage von 70 000 Plakaten und je 100 000 Aufklebern und Postkarten.

Kunst und Politik – ein Widerspruch?

Seit den ersten Plakaten hat die Diskussion um die Frage »Kunst oder Politik« nie aufgehört. Diese für viele Menschen aus dem mehr politischen Raum anscheinend belanglose Fragestellung beschäftigt vor allen Dingen den Kunstbetrieb und das mehr an traditionellen bürgerlichen Kunstauffassungen orientierte Publikum. Ich muß daran interessiert sein, daß diese Auseinandersetzung noch möglichst lange andauert und die Frage unentschieden bleibt. Meine Arbeiten sind immer sowohl Kunst als auch Politik, nie nur das eine oder das andere: eine ständige Gratwanderung, ein Versuch politisch-gesellschaftlicher Meinungsäußerung mit künstlerischen Mitteln, ohne der Diktatur des Ästhetischen zu erliegen.

Wenn jemand an der Anschlagsäule, im Heckfenster eines Autos oder in einem Schaukasten ein Plakat oder eine Postkarte sieht, denkt er nicht in erster Linie an Kunst, sondern er beschäftigt sich mit dem Inhalt. Schließlich sicher auch mit der ästhetischen Form, aber eben nicht ausschließlich. Hier hat er nicht die Scheu, die er gegenüber der die meisten großen und kleinen Kunstwerke umgebenden Aura hat. Diese Chance habe ich immer versucht wahrzunehmen. Nur so sind auch die vielen Konflikte zu erklären, die bei diesem Thema stets aufs neue ausgetragen werden.

Absurd wird es immer dann, wenn beispielsweise anläßlich der Raumvergabe Gemeinderäte über die Frage Kunst oder keine Kunst abstimmen. Natürlich richtete sich bisher die Antwort immer streng nach der jeweiligen Parteizugehörigkeit. Kein Wunder, daß die politischen Gegner zunehmend versuchen, meine Arbeit aus jedem Kunstzusammenhang hinauszudrängen. Dabei haben sie in den gegenwärtigen Kunstvermittlern oft willige und bequeme Helfer. Etwa in den Organisatoren der meist mit üppigen Subventionen ausgestatteten großen Veranstaltungen. Sie erahnen nur zu bereitwillig die Wünsche der neuen politischen Herren der Wende. Der Zeitgeist macht natürlich nicht vor den Toren der kulturellen Institutionen halt, wird im Gegenteil von ihnen häufig mitgetragen. Da wird nur allzuleicht auf politisch-künstlerisch Unbequemes verzichtet. So läßt sich die Zahl unserer Ausstellungen in deutschen Museen und vergleichbaren Institutionen in den letzten Jahren an den Fingern einer Hand abzählen, während die Zahl der Veranstaltungen in ausländischen Instituten ständig wächst. Die großen Ausnahmen der letzten Jahre sind die Einladungen nach Kassel zur documenta 7 und 8, 1982 und 1987.

Dabei habe ich die Kunst nie als Vehikel benutzt. Sie ist für mich stets eine Dimension von Freiheit und Offenheit: um wichtige gesellschaftliche Probleme darstellen zu können, die sonst nur schwer zur Sprache zu bringen sind und von denen ich glaube, daß es nicht nur meine eigenen sind. Jeder Instrumentalisierung der Kunst bin ich bisher erfolgreich aus dem Wege gegangen.

Zur Arbeitsmethode

Fast alle Arbeiten sind in Montagetechnik hergestellt. Die Fotomontagen nehmen dabei den größten Raum ein, da für die meisten Menschen das Foto immer noch ein Stück Wahrheit bedeutet. Mit der Verbreitung der neuen Bildcomputer wird allerdings auch das sich eines Tages wohl ändern. Viele der uns umgebenden Bildlügen sind am einfachsten immer wieder mit Bildern zu widerlegen. Ich stelle vorwiegend Text-Bild-Montagen her, die fast immer aus einem dialektischen Widerspruch leben, eine Spannung erzeugen, neugierig machen. Als Stilmittel dient in erster Linie die nicht ganz einfach zu handhabende, oft schwer zu vermittelnde Ironie.

Beim Betrachter wird durch satirische Verfremdung und Überzeichnung eine Neugierde geweckt, die zur Beschäftigung anregt. Dieser Punkt ist ganz wichtig. Menschen, die nicht mehr neugierig, also wirklich alt sind, fallen als Partner meiner Arbeit aus. Natürlich ergeben sich aus dieser Arbeitsmethode auch Schwierigkeiten im Hinblick auf die Verständigung, die es wiederum positiv zu nutzen gilt. So wurde 1972 das Plakat »Die Reichen müssen noch reicher werden. Deshalb CDU« hauptsächlich darum gleich mehrfach juristisch verfolgt, weil sehr viele Mitglieder und Anhänger der CDU glaubten, das Plakat stamme tatsächlich von ihrer Partei. Die CDU fühlte sich geradezu verpflichtet, ihre Klientel zu schützen und vor einem folgenschweren Irrtum zu bewahren. Als besonders erfolgreich hat sich die Verwendung fiktiver Amtsbezeichnungen, Wappen und Siegel erwiesen.

Mit meiner Arbeit versuche ich, die in den zwanziger Jahren von John Heartfield zusammen mit George Grosz erfundene Fotomontagetechnik weiterzuentwickeln und den Bedürfnissen unserer Zeit anzupassen. Die Arbeiten sind auf eine massenhafte Reproduzierbarkeit hin angelegt. Es entstehen Kunstwerke ohne auratische Barriere. Es gibt kein Original, das irgendwann einmal wieder dem Kunstmarkt zugeführt werden könnte.

Das Plakat, die Postkarte, der Aufkleber entstehen direkt in der Maschine. Dabei hat mein Freund Gerhard Steidl einen entscheidenden Anteil. Mit ihm zusammen wird von der Idee über die Umsetzung in Film und Druckplatten bis zum Siebdruck/Offsetdruck alles selbst bewerkstelligt. Vor allem diese technische Unabhängigkeit ist eine ganz wesentliche Voraussetzung für die politisch-künstlerische Arbeit. Boykottversuche, von welcher Seite auch immer, können schaden, können behindern, aber nicht die Realisierung und Produktion einer Idee verhindern. Auf dieses Eigentum an den Produktionsmitteln, die immer auf dem neuesten Stand der Technik gehalten werden, haben wir zielstrebig hingearbeitet.

Im Mittelpunkt steht immer der Mensch

Schwerpunkte der Arbeit sind die Themen Meinungsfreiheit, Friedenssicherung, Schutz der Umwelt, soziale Probleme, Kampf gegen Heuchelei und Reaktion. Vor allem die schon sehr frühe Beschäftigung mit ökologischen Themen ist in den letzten Jahren auf eine ständig steigende Resonanz gestoßen. So erfreute sich eine vor kurzem für die SPD und Umweltgruppen zusammengestellte Ausstellung »Frieden mit der Natur« eines sehr großen Interesses und wurde inzwischen weit über hundert Mal auf Bergwiesen, Marktplätzen, in Bibliotheken und Gemeindehäusern gezeigt.

Von außen werden sehr viele Erwartungen an uns herangetragen, zu den verschiedensten Themen doch etwas zu machen. Es gehört zum Arbeitsprinzip, keine direkten Auftragsarbeiten auszuführen. Allerdings werden möglichst viele Anregungen von Gruppen wie amnesty international, terre des hommes und auch von Bürgerinitiativen aufgegriffen.

Schon aus ökonomischen Gründen ist es notwendig, sich jenen Themen zu widmen, die uns längerfristig beschäftigen. Tagespolitische Ereignisse finden daher recht selten ihren Niederschlag. Immer häufiger kommt es allerdings vor, daß Plakate, die in einer konkreten historischen Auseinandersetzung entstanden sind, nach vielen Jahren plötzlich wieder aktuell werden, weil die Politik von der Vergangenheit eingeholt wurde. So erging es den 1972 entstandenen »Reichen«- und »Mieten«-Plakaten. Mit dem Antritt der rechtskonservativen Regierung waren diese fast vergessenen Motive wieder erschreckend aktuell und mußten mehrfach nachgedruckt werden, da sie auch in den Wahlauseinandersetzungen wieder verstärkt eingesetzt wurden.

Wie man Plakate unter die Leute bringt

Anfangs war die Verbreitung das schwierigste Problem, da es für Plakate mit politischem Inhalt (bis heute) kein spezielles Vertriebsnetz gibt. Es galt daher von Anfang an, einen eigenen, möglichst von Störungen aller Art freien Vertriebsapparat aufzubauen. Das ist inzwischen weitgehend gelungen. Bei uns hat sich der alte Gedanke der Produzentengalerie weitgehend bewährt. Die meisten Arbeiten erreichen den Abnehmer über den inzwischen in einer Auflage von über 20 000 Exemplaren im Halbjahresrhythmus erscheinenden »Staeckbrief« direkt vom Produzenten aus.

Trotzdem wird auch heute noch der größte Teil der Zeit und Phantasie für das Beschreiten neuer Wege der Verbreitung eingesetzt, zumal die Gegner sich darauf spezialisiert haben, mit immer neuen Methoden und bürokratischen Hemmnissen diese Verbreitung der Arbeiten zu verhindern.

Das heikle Thema der Finanzierung

Die wohl wichtigste Voraussetzung dieser Arbeit ist ein Maximum an finanzieller Unabhängigkeit. Seit 1960 gehöre ich der Sozialdemokratischen Partei Deutschlands an. Ich habe aber immer großen Wert darauf gelegt, auch meiner eigenen Partei gegenüber unabhängig zu bleiben, schon um sie jederzeit solidarisch kritisieren zu können. Es bestand deshalb von Anfang an die Notwendigkeit, alle Arbeiten an Einzelinteressenten und an Gruppen zu verkaufen. Zunächst gab es da sehr große Schwierigkeiten. Inzwischen konnte das Vertriebsnetz so weit ausgebaut werden, daß eine Weiterführung der Arbeit auch in noch schwierigeren Zeiten möglich erscheint.

Da die Arbeiten der Massenkommunikation dienen sollen, war es immer das oberste Ziel, die Preise so niedrig wie möglich zu halten. Dies wird vor allen Dingen dadurch erreicht, daß von der Idee über die Realisierung und Herstellung bis hin zur Auslieferung so gut wie keine mitverdienenden Zwischenproduzenten und Zwischenhändler eingeschaltet werden. Die bescheidenen Überschüsse dienen nie der persönlichen Bereicherung, sondern werden sofort in neue Projekte und Aktionen gesteckt. Die Villa im Tessin mag für viele Zeitgenossen ein (meist unerfüllter) Traum sein, mir ging und geht es in erster Linie um die Fortführung meiner aufklärerischen Arbeit.

Über die Wirkung der Bilder

Ich habe die Durchsetzung der in Artikel 5 des Grundgesetzes garantierten Meinungsfreiheit zum Beruf gemacht. Die Plakate sollen in erster Linie die Kommunikation, das Gespräch, das gemeinsame Nachdenken fördern. So fühlen sich die ähnlich Denkenden angeregt oder bestätigt und benutzen deren Aussagen als Argumente. Die anders Denkenden fühlen sich herausgefordert und versuchen, diese zu widerlegen.

Die Ziele dabei sind: Denkanstöße zu geben, Unbequemes zur Sprache zu bringen, Vorurteile zu erschüttern, die Kritikfähigkeit möglichst vieler Menschen zu schärfen. Alles Doktrinäre liegt mir fern. Es geht hauptsächlich um Fragen, gestellt in der Absicht, mit anderen Menschen zusammen nach Antworten, nach Lösungen zu suchen. So habe ich mich immer auch als eine Art Übersetzer gefühlt: als jemand, der komplizierte Sachverhalte auf ein möglichst verständliches Bild, einen Satz oder Begriff bringt; der eine Frage aufwirft, deren Antwort sich aus der Spannung zwischen Text und Bild heraus entwickelt. Als jemand, der den Schwachen und Sprachlosen seine Stimme leiht.

Der gelegentlich gehörte Vorwurf, doch immer nur die gleichen Menschen mit den gleichen Ideen zu erreichen, beruht auf einem Irrtum. Es bedarf wohl jede Meinung der ständigen Bestätigung. Was hätte beispielsweise die Kirche sonst für einen Grund, seit nunmehr 2000 Jahren jeden Sonntag an unzähligen Orten das ewig Gleiche zu predigen.

Und das nicht gerade erfolglos, wie man weiß. Linke Spießer waren mir stets in gleicher Weise ein Greuel wie die rechten.

Meine Arbeiten dienen immer der Aufklärung. In einer Zeit, in der sich die Irrationalität, vor allem auch unter jungen Menschen, epidemisch auszubreiten droht, ist das keine leichte Aufgabe. Um so notwendiger ist es aber, beharrlich kritisches Denken einzuüben, ohne in ein weiteres Schlagwortvokabular zu verfallen oder ein neues Schablonendenken zu fördern, ohne erhobenen Zeigefinger und Drohgebärde.

Es geht um ein neues, kritisches Sehen. Dazu kann man am besten mit Bildern beitragen. Die Menschen müssen lernen, hinter die psychologisch ausgeklügelten bunten Bilder der Werbung zu schauen. Dabei wäre es sinnlos, sich zum Ziel zu setzen, alle Bilderlügen einzeln widerlegen zu wollen. Es genügt, wenn die Menschen einmal gelernt haben, auch den Bildern zu mißtrauen, sie mit anderen Augen zu sehen, hinter die Bilder zu schauen.

Meine Bilder werden oft von politischen Gruppen in politischen Auseinandersetzungen verwendet. Das bedeutet, daß oft ganz bewußt der Raum der Kunsterwartung verlassen wird und visuelle Strategien gewählt werden. So tauchen meine Bilder weniger in der Umgebung anderer Kunstwerke als in alltäglichen Bildwelten auf: an der Litfaßsäule, im Schaukasten, am Bretterzaun, der Aufkleber am Arbeitsplatz oder am Auto, die Postkarte zwischen Freunden und Bekannten, auch als Illustrationen auf Flugblättern. Durch die sehr breite Streuung wachsen auch die Schwierigkeiten bei der Verständigung. Trotzdem war ich nie zu einer Nivellierung nach dem Muster der uns immer häufiger belästigenden Unterhaltungssendungen aller Art bereit. Schon deshalb nicht, weil nach unseren Erfahrungen die meisten Menschen ganz und gar nicht so dumm sind, für wie sie von vielen Medienprofis gehalten werden. Man kann und muß sich selbst und seinen Mitmenschen etwas zumuten, wenn wir nicht alle alsbald in Ahnungslosigkeit versinken wollen. Ich habe stets meine Arbeiten auch als eine Art Arbeitsmaterial für all jene gesehen, die sich eine eigene Meinung bilden wollen.

Im Gegensatz zur gängigen Parteien- und Produktwerbung stellen meine Arbeiten oft hohe Anforderungen an den Betrachter. Mir geht es allerdings auch nicht unbedingt um ein schnelles Erfassen oder gar einen flüchtigen Gag. Immerhin gelingt es durch Humor und Witz zumeist doch, auch ansonsten eher unpolitische Mitbürger zunächst einmal neugierig zu machen. Wichtig ist nicht, daß man jedes Plakat sofort versteht, man soll es nur verstehen können, ohne dafür über eine besondere politische oder ästhetische Vorbildung verfügen zu müssen. Nach den bisherigen Erfahrungen gelingt es in recht hohem Maße, gerade politisch Desinteressierte zu erreichen, wenn auch häufig über den Weg der Provokation oder des Mißverständnisses, des zeitweiligen Irrtums.

Die zahlreichen Auseinandersetzungen im politischen Raum um einzelne Arbeiten belegen, daß es sich nicht, wie hin und wieder vermutet, um intellektuelle Spielereien handelt, sondern diese Arbeiten immerhin so ernst genommen werden, daß die Gegner stets aufs neue versuchen, diese Art der Aufklärung mit allen erdenklichen Mitteln zu verhindern. Auch ist die Wirkung dieser Arbeiten nicht etwa auf die Zielgruppe der Schüler und Studenten beschränkt, sondern sie sprechen erfahrungsgemäß alle Bevölkerungsgruppen an, Jugendliche wohl besonders. Auch wenn Plakate ein inzwischen beinahe altmodisches Kommunikationsmittel geworden sind, haben sie doch einen unschätzbaren Wert. In einer Zeit, die vor lauter Nervosität kaum noch zur Ruhe kommt, erscheint das starre Bild, das man erwerben, mitnehmen und immer wieder neu ansehen kann, wie ein visueller Pfahl im Treibsand der Beliebigkeit. Einer Beliebigkeit, in der alles möglich erscheint, es keine Maßstäbe mehr gibt. Im Ringen um eine demokratische Kultur, haben die »stehenden« Bilder nach unseren Erfahrungen eine wichtige Funktion.

Die Konflikte haben nie aufgehört

Besonders in Wahljahren verschärfen sich die Auseinandersetzungen um die auf den Plakaten dargestellten Motive. Gesprengte Gemeinderatssitzungen, eingeschlagene Scheiben, demonstrativ abgerissene Plakate, geschlossene Ausstellungen, Anzeigen, Verbote, Drohungen, berufliche Benachteiligungen und Behinderungen verschiedenster Art häufen sich in diesen Zeiträumen ganz außergewöhnlich. Die bisher insgesamt 38 Prozesse gegen einzelne Plakate belegen deutlich den, wenn auch bisher glücklicherweise erfolglosen, Einspruch der sich betroffen Fühlenden.

Zu dem spektakulärsten Zwischenfall kam es 1976, als Bundestagsabgeordnete der Unionsparteien unter der Führung des jetzigen Bundestagspräsidenten Philipp Jenninger in den Räumen der Parlamentarischen Gesellschaft in Bonn mehrere Plakate von den Ausstellungswänden rissen.

Weit über hundert Ausstellungsverbote hat es in den letzten Jahren gegeben, so daß zeitweise potentielle Veranstalter glaubten, es lohne sich gar nicht erst, einen Antrag auf die Vergabe öffentlicher Räume zu stellen, da er ja doch abgelehnt würde. Inzwischen beginnt sich der Wind jedoch wieder zu drehen. Mit der wachsenden Erkenntnis, daß man auch diese Regierung der unbegrenzten Zumutungen abwählen kann, wächst die Bereitschaft, sich zu engagieren.

Trotz vielfältiger Versuche ist bisher die immer wieder beabsichtigte Kriminalisierung nicht gelungen. Auch nicht die Konsumierung – zwei erfolgreiche Mittel, mit denen unsere Gesellschaft auf alles Unbequeme reagiert; mit dem Ziel, es so zu isolieren oder wenigstens zu neutralisieren.

Das ständige Ringen um Öffentlichkeit

Auch dank der Fehleinschätzungen durch die politischen Gegner und der daraus resultierenden vielfältigen Angriffe sind meine Arbeiten sehr populär geworden, da die demokratische Öffentlichkeit bisher noch immer einigermaßen funktioniert hat. Diesen Gegnern kommt daher unbestreitbar das Verdienst zu, zu einer zwar ungewollten, aber weiten Verbreitung der Arbeiten wesentlich beigetragen zu haben. Dafür gebührt ihnen Dank.

Ein bedeutsames Ziel meiner Tätigkeit war immer die Schaffung einer Art Gegenöffentlichkeit. Je mehr die herkömmliche Öffentlichkeit von wenigen Meinungsmonopolen beherrscht wird, desto notwendiger ist es, unbequeme, verdrängte und unterdrückte Meinungen zu Wort kommen zu lassen. Die große Zahl von Verboten und Behinderungen gerade auch aus der letzten Zeit belegt die Schwierigkeiten beim Auf- und Ausbau dieser bescheidenen Form von Gegenöffentlichkeit.

Es bedarf immer neuer Phantasie, um wirksam Öffentlichkeit noch herstellen zu können. In Bayern und anderen unionsregierten Bundesländern scheint das derzeit kaum noch möglich. Leider nimmt auch insgesamt die Neigung immer mehr zu, den Seismographen für das Erdbeben verantwortlich zu machen.

Meine Arbeiten sind immer auch Teil der öffentlich geführten politischen Auseinandersetzungen. Sie sind damit in ihrer Wirkung auch allen entsprechenden Klimaveränderungen ausgesetzt. Dabei belasten die ständigen Beschimpfungen meiner Person als Hetzer, Beleidiger, Politpornograph, Kinderverderber, Nestbeschmutzer, bald Kommunist, bald faschistischer Agitator weniger als die zunehmenden Behinderungen meiner Bemühungen, auf irgendeine Weise noch Öffentlichkeit herzustellen. So kostet es immer mehr Kraft und immer neue Anstrengungen, sich öffentlich Gehör zu verschaffen und möglichst viele Menschen anzusprechen.

Allzuoft wird notwendige Kritik als Jammern und Klagen denunziert. Zunehmend Schwierigkeiten machen dabei in den Medien auch jene Zeitgenossen, die sich in »heroischen Tagen« den langen Marsch durch die Institutionen zwar vollmundig vorgenommen hatten, unterwegs aber doch recht bald auf irgendeinem bequemen Karrieresessel kleben blieben oder sich alsbald rechts oder links des Weges in die Büsche schlugen. Für die gerät man dann schnell in die Rolle des personifizierten schlechten Gewissens, das es zu bekämpfen gilt. Zugegeben: Häme und unberechtigte Angriffe aus dieser Ecke schmerzen gelegentlich mehr als die erwarteten Schläge des politischen Gegners. Die unter uns bisweilen verbreitete Wehleidigkeit war mir von Anfang an fremd. Stetes Jammern und Klagen sehe ich als Zeitvergeudung, da ich die unliebsamen Zustände immer als veränderbar betrachtet habe.

So bleibt der selbstgewählte Auftrag, mit immer neuen Ideen und Anstrengungen möglichst viele Menschen anzustecken und sie mit unbequemem Gedankengut vertraut zu machen. Ich bin kein Zuschauer, sondern ein aktiv Handelnder, der auch das Risiko nicht scheut. Denn: Unruhe ist die erste Bürgerpflicht. Jede Form von Einmischung ist dringend erforderlich. Es geht dabei weder um die Verteufelung »der« Politik noch um die Denunzierung »der« Kunst. Es geht um die Änderung von Politik und die Erweiterung der Kunst. Für diese Ziele lohnt sich die Mühe allemal.

Bewährung vor Gericht

Die demokratische Auseinandersetzung mit der Meinung des Andersdenkenden ist offensichtlich noch immer nicht jedermanns Sache, schon gar nicht jener Zeitgenossen, die sich reich, mächtig und im Besitz der allgemein verbindlichen Wahrheit fühlen. So ist es kein Wunder, daß gegen unliebsame Meinungen oft recht schnell die Gerichte zu Hilfe gerufen werden. Die Hoffnung auf ein Verbot scheint allemal größer als das Vertrauen auf die Stärke der eigenen Argumente. Der scheinbar unerschütterliche Glaube vieler Leute, die Gerichte würden fast immer konservative, wenn nicht reaktionäre Entscheidungen treffen, mag noch zusätzlich für diese Flucht in juristische Auseinandersetzungen verantwortlich sein.

Inzwischen hat es achtunddreißig Prozesse um die Plakate, Postkarten und Aufkleber gegeben. Es begann 1972 mit dem Streit um das Motiv »Die Reichen müssen noch reicher werden. Deshalb CDU«. Obwohl sämtliche mit dem Ziel des Verbots des jeweiligen Plakats geführten Prozesse für die Kläger verlorengingen, werden immer wieder die Gerichte angerufen. Kläger sind die Betroffenen, die Ertappten, die ins rechte Licht Gerückten, obwohl sie im Dunkeln bleiben wollten. Franz Josef Strauß hat übrigens noch nie persönlich gegen eines der Plakate geklagt. In letzter Zeit ist es etwas ruhiger geworden. Offensichtlich scheuen die potentiellen Kläger mehr und mehr die Negativ-Publizität, die jeder Prozeß mit sich bringt, wenn der Beklagte sich mit allen zur Verfügung stehenden publizistischen Mitteln zur Wehr setzt.

Satire muß, auch wenn sie noch so überzeichnet, verfremdet und übertreibt, immer auf Wahrheit beruhen. Eine grundlose persönliche Kränkung bleibt stets eine Diffamierung, auch wenn sie sich hinter dem Etikett Satire versteckt. Die meisten Kläger stützen deshalb ihre Klagen auf formale Mängel, aber fast nie auf inhaltliche Argumente. Oft wird der Versuch unternommen, eine inhaltliche Diskussion um die jeweils dargestellten Sachverhalte unbedingt zu vermeiden. So kommt es, daß die meisten Prozesse sich um eine mögliche Verletzung des Namens-, Warenzeichen- und Urheberrechts drehten. Eine seltene Ausnahme stellten die Prozesse um das Motiv »Alle reden vom Frieden. Wir nicht« dar. Hier wurde vor allem von seiten des Gerichts entschieden inhaltlich argumentiert. Die hier abgedruckte Begründung der Ablehnung des Erlasses einer einstweiligen Verfügung belegt das sehr deutlich.

Obwohl bisher kein Plakat jemals gerichtlich verboten wurde, wird immer wieder das Gegenteil behauptet. Eine böswillige Unterstellung, die Benutzer und Veranstalter verunsichern soll. Deshalb wurde auch schon mehrfach erfolgreich auf Unterlassung dieser Behauptung geklagt. Man kann, zieht man den jeweils erfolgreichen Ausgang in Betracht, die vielen Prozesse auch positiv sehen. Immerhin sind viele Plakate im Laufe der Jahre auch noch mit einem juristischen Zertifikat, mit einer Art Unbedenklichkeitsbescheinigung versehen worden und dadurch zusätzlich bekannt geworden. Welcher Künstler kann das schon für seine Arbeiten vorweisen.

Trotzdem bleibt immer auch ein erhöhtes finanzielles Risiko. Das hängt mit der speziellen juristischen Materie zusammen, da grundsätzlich jeweils von sehr hohen Streitwerten auszugehen ist. Kläger sind fast immer finanzstarke Organisationen und Verbände, große Firmen und mächtige Personen: CDU und CSU, Ärztevereinigungen, der Springer-Konzern und Rüstungsfirmen zum Beispiel. Meist hat man es mit ganzen Rechtsabteilungen zu tun. So erscheint der Vergleich von David und Goliath kaum als eine Übertreibung.

Das alles ist wohl auch konsequent, wenn man bedenkt, daß Satire immer ein Instrument der Schwachen und Benachteiligten gegen die Starken und Mächtigen war - nie umgekehrt. Trotzdem glaube ich immer noch nicht, daß ein Jura-Studium Voraussetzung für Leute ist, die sich mit Satire beschäftigen. Meine juristischen Kenntnisse haben mich möglicherweise vor Verurteilungen, aber nicht - wie man sieht - vor Prozessen bewahren können. Ein Risiko bleibt diese Art Arbeit stets, da sich ihre Inhalte notwendigerweise in Grenzbereichen bewegen müssen, wollen sie weiter wirksam bleiben. Es gibt keine hundertprozentige juristische Rückversicherung für ein gutes Plakat, das in solche Grenzbereiche vorstößt. Deshalb kann man sich auch nur selten juristischen Rat bei Fachkollegen einholen, denn Juristen raten in solchen Fällen grundsätzlich erst einmal ab. Es kann auch passieren, daß ein Plakat jahrelang unbeanstandet gezeigt werden konnte, bis dann plötzlich nach Veränderungen im politischen Klima der Inhalt noch anstößiger geworden ist oder sich der bisher abwartende Kläger in einer veränderten Situation gute Chancen ausrechnet.

Gelegentlich wird vermutet, einem Satiriker könne gar nichts Besseres als ein Prozeß um seine Arbeit passieren. Das ist meist ein Irrtum. Jede juristische Auseinandersetzung birgt große Risiken, ist meist sehr zeitraubend und bringt in den seltensten Fällen großen publizistischen Gewinn. Es wäre deshalb naiv, es mit der Hoffnung auf ein großes Echo in den Medien auf einen Prozeß geradezu anzulegen. Das allgemeine Interesse erlahmt meist schnell, und juristische Streitigkeiten können bekanntlich sehr lange dauern.

Es erscheint im Gegenteil lohnender, sich im Rahmen der Gesetze zu bewegen, die in den meisten Fällen gar nicht so schlecht sind, denkt man vor allen Dingen an das Grundgesetz. So gilt es vor allem, den von der Verfassung garantierten Freiheitsraum immer wieder neu zu beanspruchen und zu erweitern. Die meisten Freiheitsrechte verkümmern, wenn man keinen Gebrauch von ihnen macht.

Der Abdruck der Entscheidung des Landgerichts Heidelberg steht für eine Fülle anderer Entscheidungen. Das Heidelberger Urteil wurde anschließend vom Oberlandesgericht Karlsruhe bestätigt. Die Firma Rheinmetall verzichtete daraufhin auf weitere Rechtsmittel. Ein Parallelverfahren gegen das gleiche Plakat wurde vom Landgericht und Oberlandesgericht Frankfurt ebenso entschieden.

Bereitschaftskammer Landgericht Heidelberg
Zivilkammer 3 · Öffentliche Sitzung
Heidelberg, den 7. November 1981

In Sachen
Direktor Dr. Ing. Hans L. H. – Antragsteller

gegen
Klaus Staeck – Antragsgegner

wegen einstweiliger Verfügung

Beschluß:
Der Antrag auf Erlaß einer einstweiligen Verfügung wird kostenfällig zurückgewiesen.

Gründe:
Der Anspruch kann nicht auf die Verletzung des allgemeinen Persönlichkeitsrechts und der Ehre des Antragstellers gestützt werden.

Das beabsichtigte Poster, das den Antragsteller erkennbar zeigt, soll nach Auffassung der Kammer ausdrücken, daß der Antragsteller Waffen herstellen läßt, ohne Rücksicht auf die dadurch nach erkennbarer Auffassung des Antragsgegners eintretende Gefährdung des Friedens. Nicht kann dem beabsichtigten Poster die Behauptung entnommen werden, der

Antragsteller befürworte den Krieg oder Maßnahmen, die notwendig zu einem Krieg führen müßten.

Mit dieser Aussage, die vielfältig geäußerte Argumente der sogenannten Friedensbewegung aufgreift, ist überwiegend eine Bewertung des Handelns des Antragstellers in seinem Beruf vorgenommen. Grundsätzlich bewegt sich damit die Äußerung des Antragsgegners im Rahmen der grundgesetzlich geschützten Meinungsfreiheit. Diese Meinungsfreiheit findet aber ihre Grenze bei der nicht sachbezogenen Schmäh-Kritik. Die satirische Kritik betrifft die berufliche Tätigkeit des Antragstellers. Ihr kann damit Sachbezogenheit nicht abgesprochen werden. Die Äußerung, der Antragsteller nähme bei der Waffenproduktion nicht genügend auf die Erhaltung des Friedens Bedacht, ist eine politische Meinung, die, auch wenn sie falsch wäre, noch nicht eine Schmähung der Person des Antragstellers ist. Dies wäre dann anders, wenn der Antragsteller etwa der unmittelbaren Kriegsvorbereitung oder der Kriegshetze bezichtigt worden wäre, was sich indessen aus dem Gesamtzusammenhang nicht mit hinreichender Sicherheit entnehmen läßt. So kann dem von dem Antragsteller in seiner Begründung zitierten Werbespruch der Deutschen Bundesbahn, den der Antragsteller erkennbar als Vorlage benutzt, auch nicht entnommen werden, die Bundesbahn sei für schlechtes Wetter. Im übrigen ist bei der Frage, ob eine unzulässige Schmähung vorliegt, auch auf das Verhalten des Antragstellers Bedacht zu nehmen. Wer in der Öffentlichkeit zu Grundfragen des Gemeinschaftslebens betont Stellung nimmt, muß auch eine scharfe, übersteigerte Kritik an seiner Person durch Gegner dulden, die seinen Standpunkt als unangemessen und anstößig empfinden (BGH Z 45, 296, 308). Die Kammer sieht in der Pose des Antragstellers und der anderen Beteiligten eine solche Stellungnahme, zumal das Foto nach dem Vorbringen des Antragstellers bei einer öffentlichen Übergabe von Waffen an den Bundesminister für Verteidigung in Gegenwart von Pressefotografen entstanden ist.

Auch kunsturheberrechtliche Gesichtspunkte führen nicht zum Erfolg des Antrages. Zwar dürfen Bildnisse nur mit Einwilligung des Abgebildeten verbreitet werden. Eine stillschweigende Einwilligung ist im allgemeinen jedoch dann anzunehmen, wenn die Anfertigung des Bildes unter Umständen erfolgt, die eine Verbreitung nahelegen (BGH GRUR 62, 211). Hierfür spricht der Pressebesuch unter Beteiligung einer Bildagentur. Zwar trägt der Antragsteller vor, die Einwilligung sei unter der Bedingung einer weiteren Genehmigung der Firma Rheinmetall KG zur Veröffentlichung erteilt worden. Diese im Fernschreiben vom 7.11.1981 enthaltene Behauptung ist aber nicht glaubhaft gemacht worden. Im übrigen wäre die Frage, ob eine Einwilligung überhaupt erforderlich oder die beschränkbar ist, zweifelhaft. Denn bei dem Foto dürfte es sich um ein Bildnis aus dem Bereich der Zeitgeschichte i.S. des §23 Abs. 1 Nr. 1 KUrhG handeln, denn es stellt nach dem eigenen Vorbringen des Antragstellers die öffentliche Übergabe neuer Waffen an den Bundesminister der Verteidigung dar oder ist zumindest aus diesem Anlaß entstanden. Der Begriff Bereich der Zeitgeschichte ist nach anerkannter Auffassung im weitesten Sinne zu verstehen. Grundsätzlich gehört jeder, die Belange und Interessen der Allgemeinheit berührende Vorgang hierher (von Gaum Urheberrechtsgesetz 1968 §143).

Zwar beschränkt sich die aus §23 KUrhG herzuleitende Befugnis nicht auf Veröffentlichungen durch die ein berechtigtes Interesse verletzt wird. §23 Abs. II KUrhG fordert hier eine Interessenabwägung, wobei das Gesetz in Fällen des §23 KUrhG selbst eine Interessenwertung vornimmt und von der Zulässigkeit der Verbreitung ausgeht (von Gaum, a.a.O. §141). Den Abgebildeten trifft damit die Darlegungs- und Beweislast für das Überwiegen seiner persönlichen Belange (BGH GRUR 62, 211, 212). Infolge der gesetzlichen Interessenwertung des §23 Abs. I KUrhG bedarf es dabei grundsätzlich einer persönlichen Beeinträchtigung, die über den vom Gesetz als regelmäßig zugrundegelegten und berücksichtigten Rahmen hinausgeht. Davon kann im vorliegenden Fall mangels einer rechtswidrigen Persönlichkeitsrechtsverletzung - wie das dargelegt ist - nicht gesprochen werden. Denn die Interessenabwägung gemäß §23 Abs. I KUrhG ist ihrem Wesen nach nichts anderes als die im Rahmen des allgemeinen Persönlichkeitsrechts stets notwendige Abwägung der einander entgegenstehenden Belange (vgl. von Gaum, a.a.O. §141). Da sich die Aussage des Posters im Rahmen der der satirischen Kunst zugestandenen Überspitzung hält und angesichts des eigenen Verhaltens des Antragstellers beim Zustandekommen des Fotos, fällt die Interessenabwägung zugunsten der gesetzlichen Wertung des §23 Abs. I KUrhG aus.

Der Antrag war danach mit der Kostenfolge aus §91 ZPO zurückzuweisen.

gez. Dr. Lindrath Zinn Dr. Müller-Christmann

Alles unter Kontrolle. Auch in der Kunst?

Wenn man nach Kunst fragt, die sich einmischt, Mißstände kritisiert, Partei ergreift, so denkt man heute nicht unbedingt an die Maler, Grafiker und Bildhauer; man vermutet gesellschaftliches Engagement dann eher schon bei den Schriftstellern. Das war nicht immer so. Ende der sechziger, Anfang der siebziger Jahre herrschte eine allgemeine Aufbruchsstimmung, die auch die Bildende Kunst erfaßte. Dabei hatte die Kunst, wie ihr oft nachgesagt wird, keine Vorreiterrolle, sie wurde eher von den gesellschaftlichen Ereignissen überrollt. Plötzlich wurde der Künstler nach Inhalten gefragt, nicht nur nach mehr oder weniger gewagten Formexperimenten. Das reine L'Art-pour-l'art-Denken schien überwunden. Viele waren es tatsächlich leid, immer nur die Innenräume der Elfenbeintürme aufs neue umzudekorieren. Künstler und ein breites Publikum gingen ganz ungewohnt aufeinander zu, zum beiderseitigen Nutzen. Kulturschaffende waren meist froh, die oft selbstgewählte Isolation überwunden zu haben, die an Kunst Interessierten, weit über den Expertenkreis hinaus, freuten sich über Bilder, die ihnen weiterhalfen.

Die beiderseitige Freude währte nicht allzu lange. Schon bald kamen viele hoffnungsvoll geplante gesellschaftliche Veränderungen ins Stocken. Verbalradikale gar denunzierten jegliche Beschäftigung mit Kunst als hoffnungslos reaktionär. Die alten Museumswärter sehnten die alten Zeiten herbei, in denen Kunst nur etwas von Privilegierten für Privilegierte gewesen war.

Inzwischen ist die heile Kunstwelt weitgehend wiederhergestellt. Nur wenige Künstler arbeiten noch an einer Erweiterung des Kunstbegriffs. Der Kunstbetrieb, vor allem der Handel mit Kunstgegenständen, hatte noch nie viel mit gesellschaftsbezogener Kunst im Sinn. Eine Zeitlang schien es, als würden die emanzipatorischen Bestrebungen auch das traditionelle Abhängigkeitsverhältnis zwischen Künstlern und Händlern lockern, als würde die Kunst sich ihre eigenen Wege jenseits aller überlieferten Marktstrategien suchen. Nun aber ist alles wieder fest im Griff. International agierende, mafiaähnlich organisierte Ringe beherrschen den Kunsthandel und damit auch weitgehend die Kunst. Sie bestimmen die jeweils herrschenden Richtungen und die großen internationalen Ausstellungen ebenso wie die Programme der öffentlichen Museen und Kunstvereine. Das Erschreckende daran ist das überwiegende Versagen und die Verführbarkeit der öffentlichen Institutionen. Hier wird ein Grundübel unserer Zeit – die Vermengung von Öffentlichem und Privatem – zum Skandal. Die von ihrem Auftrag her zum Ausgleich Verpflichteten sind meist nicht einmal mehr Regulativ im Machtpoker der Marktführer, sondern oft nur noch Handlanger im Kampf um scheinbar objektive Legitimierungen privater Interessen. Die zunehmende finanzielle Armut der öffentlichen Kassen wird diese Tendenz noch beschleunigen. Dieser Zustand der allgemeinen Verwischung der Grenzen wurde möglich, weil es bei uns so gut wie keine ernst zu nehmende Kunstkritik mehr gibt, sondern fast nur noch fade Hofberichterstattung. Der im Journalismus häufig anzutreffende Opportunismus führt in der Kunstberichterstattung zu grotesken Ergebnissen.

So war es auch kein Wunder, daß sich die vielbeschworene Oggersheimer Wende längst vor der entscheidenden Wahl Kohls, Zimmermanns und Schwarz-Schillings vollzog. Weder von Künstlern noch Kunstbetrieblern kamen Einwände gegen eine grundsätzliche Umorientierung auch in der Kulturpolitik. Man hatte sich längst angepaßt, selbst kastriert und die eigene Kunst zum stumpfen Schwert verkommen lassen. Und dafür wurde man belohnt; jeder Umfall hat schließlich seinen Preis.

Repräsentatives, inhaltlich Pflegeleichtes und oberflächlich Dekoratives wurde und wird großzügig gefördert, Kritisches erfolgreich verdrängt, weil als äußerst störend empfunden. Gefragt ist, neben klassischen Werken, leichte Kost. Man arrangiert sich halt und erklärt den eigenen Nabel hochstapelnd wieder einmal zum Nabel der Welt. So kommt es, daß die Bildende Kunst gesellschaftlich derzeit eher eine Nischenexistenz führt: angepaßt, mit wenig Ausstrahlung, in sich selbst versunken, kein schlechter Partner für jedwede Administration.

Das spricht alles noch nicht unbedingt gegen die Kunst beziehungsweise ihren derzeitigen Zustand, aber um so mehr gegen jene, die sie machen. Bequeme Kunst ist selten gute Kunst, die eine Mode überdauert.

Auch in der Kunst alles unter Kontrolle? Es scheint so. Selten war das Verhältnis zwischen Museum, Handel und Künstler so harmonisch: eine konzertierte Aktion. Das gilt natürlich nur für die Erfolgreichen ihrer Branche, die anderen zählen ohnehin nicht. Die müssen draußen bleiben und auf Beförderung hoffen. Manchmal fällt ja einer im Karussell der ganz Großen vom Pferd. Da heißt es sich bereithalten. Jeder hat doch schließlich eine Chance, oder etwa nicht?

Derweil sucht das in den sechziger Jahren für die Kunst erschlossene Publikum vergebens nach den Schlüsseln für die längst wieder verschlossenen Türen. Nur noch einige unverbesserliche Kunstproduzenten orientieren sich in ihrer Arbeit weiterhin an der Formel »Kunst ist Risiko, Kunst ist Unruhe«, wollen einen Beitrag zur Kultur des Demokratischen leisten. Der vor wenigen Jahren gestorbene Willem Sandberg hat das nach dem Kriege von ihm geleitete Stedelijk-Museum in Amsterdam als »Schule der Toleranz und kämpferischen Demokratie« definiert. Ein schöner Traum, an dessen Verwirklichung nur noch wenige bei uns arbeiten.

Ein Versuch gegenzusteuern war das Konzept der documenta 8 in Kassel 1987. Hier wurde wenigstens wieder einmal ein gesellschaftlicher Anspruch formuliert, mag er für den einen oder anderen auch noch so unzureichend erfüllt worden sein.

Man muß nicht nur an die Ökologie- und Friedensbewegung denken, wenn man feststellt, daß sich kaum jemals mehr Menschen für die Veränderung der oft bedrückenden Umstände ihrer Existenz engagiert haben als heute. Wo gibt es da aber eine Entsprechung, eine Widerspiegelung in der Kunst? Es geht nicht um eine Kunst in der Funktion einer tarifgemäß einklagbaren Sozialhilfe, eher um Herausforderung, Reflexion, um ein Korrektiv vielleicht, immer aber um Teilhabe, niemals um eigennützige Verweigerung. Es geht und ging auch nie um die schlecht gemalten roten Fahnen im goldenen Rahmen. Gemeint ist Kunst als »Lebensmittel«, wie es mancher bisweilen etwas kühn definiert. Kunst als Vorausschau, als Warnung, gar als Vision, als Utopie. Was ist aus diesem Anspruch geworden, woher kommt der Hochmut, mit dem mancheiner verächtlich auf die Politik herabschaut? Nein, im gegenwärtigen Zeitpunkt hat die herrschende Politik, und sei sie auch noch so illiberal und restriktiv, von seiten der Kunst nichts Ernsthaftes zu befürchten, nichts Beunruhigendes und schon gar nichts Gefährliches zu erwarten, auch wenn sich inzwischen hier und da wieder ein wenig Widerstand zu regen scheint.

Dabei wären Impulse aus der Kunst dringend erforderlich. Woher sollen sie denn sonst kommen? Vom Mineralölhändler-Verband, den Hobby-Tauchern oder den Auto-Rallye-Veranstaltern etwa? Überdies war der Künstler als kritischer Begleiter und hellsichtiger Beobachter seiner Zeit kaum jemals stärker gefordert als heute. Es gilt die Herausforderung der dritten industriellen Revolution anzunehmen, sich der neuen Medien-Welt zwischen Satellitenbahnen, Mikrochips und Vollverkabelung zu stellen. Statt dessen kann man sich des Eindrucks nicht erwehren, daß sich die Kunst vor den zentralen Fragen, auch unserer kulturellen Existenz, drückt oder allenfalls dilettantische Antworten zu geben versucht. Bei welcher der großen repräsentativen Ausstellungen, bei welcher der vielen Kunstmessen, in welcher der vielen Kunstzeitschriften findet sich denn wenigstens ein Hauch von Auseinandersetzung?

Spätestens jetzt rächt sich die von einigen tüchtigen Händlern betriebene systematische Gleichschaltung von Handel, öffentlichen Institutionen und Kunst. Wer fragt denn wirklich noch nach der Qualität, wenn das sechste Rennpferd aus einem der drei führenden Kunstgestüte in Dauersiegerpose durch alle Kunstinstitutionen galoppiert? Statt dessen fast überall feige Anpassung, höchstens einmal ein wenig Gemaule, wenn die Preistreiber sich wie in der Bau-Branche in allzu schwindelnde Höhen vorgewagt haben, die Absprachen zu öffentlich stattfinden.

Allerdings richtet sich der Vorwurf nicht so sehr gegen die Händler. Warum sollten ausgerechnet sie sich der Grundmaxime unseres Gemeinschaftslebens widersetzen, die da lautet: Nehmt, was ihr kriegen könnt! Die Kritik richtet sich gegen den nahezu vollständigen Ausfall jeglicher Kontrolle durch die dazu berufenen Institutionen, Personen und die Künstler selbst. Ohne Kontrolle aber entartet Macht fast zwangsläufig und wird mißbraucht. Je unsolidarischer es unter den Künstlern zugeht, desto enger schließen sich diejenigen zusammen, die heute definieren, was Kunst und damit eben auch Geld ist und was nicht.

Den Schaden hat allemal die Kunst. Für die Kunst aber sind jene verantwortlich, die sie machen.

Es bleibt vorerst nur die Hoffnung, daß Kunst nicht zwangsläufig zu Petersilie auf kalten Platten verkommen muß. All jene, denen gegenwärtig die Teilhabe an der Kunst auf oft sehr subtile Weise verweigert wird, sollten diese Teilhabe energischer anmahnen als bisher.

So ist die Lage. Wir können, wir müssen sie ändern. Wir müssen uns wieder einmischen, Fragen stellen und auf Antworten bestehen. Das gilt für alle Lebensbereiche, aber in besonderem Maße für Kunst und Künstler ... – ihrem immer wieder erhobenen Anspruch gemäß.

Die frühen Arbeiten

Jahre, bevor ich anfing, Plakate und Postkarten in hohen Auflagen zu drucken, habe ich mich in den verschiedensten künstlerischen Techniken versucht. Da ich keinen einzigen Tag an einer Kunstakademie verbracht habe, mußte ich mir alles selbst aneignen. Einige Zeichenkurse beim Heidelberger Universitätszeichenlehrer, neben meinem Jurastudium absolviert, waren meine ganze künstlerische Ausbildung. Ein langer, oft mühseliger Prozeß, an dessen Ende erst der bis heute andauernde Balanceakt zwischen Kunst und Politik stand.

Ab Mitte der fünfziger Jahre begann ich, dem vorherrschenden Stil der Zeit entsprechend, mit tachistischen Ölbildern sowie Tusche- und Federzeichnungen. Parallel dazu entstanden erste Plakate und Flugblätter für den Allgemeinen Studentenausschuß der Heidelberger Universität und verschiedene studentische Einrichtungen. 1960 stellte ich dort meine Arbeiten in einem zunächst recht bescheidenen Rahmen zum ersten Mal aus.

Meinen ersten, noch abstrakten Holzschnitt druckte ich 1964. Es folgten viele weitere Holz- und Korkdrucke, die bald einen starken Signalcharakter bekamen. Obwohl jede Beschäftigung mit dem Holzschnitt seinerzeit eher exotisch erschien, hatte ich in ihm eine auch meinen finanziellen Mitteln entsprechende Vervielfältigungsmöglichkeit gefunden.

1967 befriedigten mich meine ungegenständlichen Arbeiten nicht mehr, obwohl sie mit zunehmendem Erfolg ausgestellt wurden. Auf der Suche nach einem meinen politischen

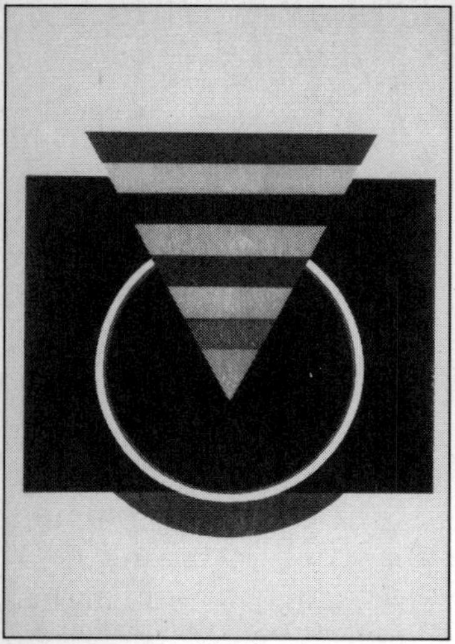

Zeichen IV (1966), Holzschnitt

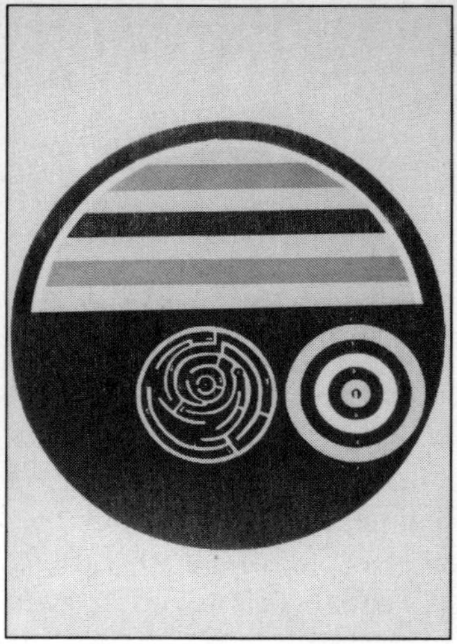

Labyrinth (1966), Holzschnitt

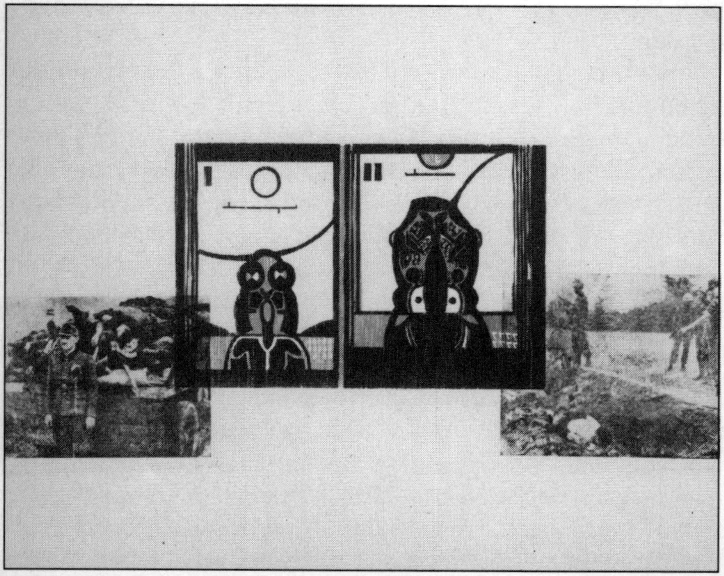

Metamorphosen IIa (1966), Holzschnitt und Klischee

Ambitionen entsprechenden Ausdrucksmittel fing ich an, in die abstrakten Holzschnitte zunächst recht wahllos Klischees einzudrucken, die ich im Abfalleimer meiner Druckerei fand. Im gleichen Jahr versuchte ich mich in eigener Regie an dem finanziell und materialmäßig sehr aufwendigen Kalenderprojekt »Konsumgedenktage '68«, in dem ich zahlreiche Montagetechniken ausprobierte. So kam es auch zu meinen ersten Fotomontagen.

Die Vermischung verschiedenster Techniken kann man im nachhinein nur als Ablösungsprozeß verstehen auf dem Wege zu zahlreichen, oft großformatigen Siebdrucken mit recht klarem inhaltlichen Bezug zu den aktuellen Zeitereignissen – immer stärker geprägt vom Prinzip der Fotomontage.

Parallel dazu, um 1968, begann meine intensive Beschäftigung mit der Objektkunst. Seither habe ich zahlreiche inhaltlich bezogene Objekte geschaffen, die zum großen Teil auf Multiplizierbarkeit angelegt waren. In letzter Zeit habe ich mich wieder verstärkt mit der Herstellung von Objekten und ganzen Environments befaßt, auch um der Gefahr der Einseitigkeit zu entgehen.

Die endgültige Hinwendung zum Plakat wurde 1971 auch durch ökonomische Zwänge ausgelöst. Die zahlenmäßige Begrenzung eines im Rahmen des Kunstbetriebes vertriebenen Siebdruckes stand einer bald gewünschten hohen Auflage und weiten Verbreitung im Wege. Deshalb war es ein notwendiger Schritt, den als zu eng empfundenen Galerierahmen zu verlassen und im wahrsten Sinne des Wortes mit unbegrenzten Druckauflagen auf die Straße zu gehen. Damit war der entscheidende Schritt zu einer Plakatkunst getan, wie ich sie bis zum heutigen Tage in aller Öffentlichkeit zu realisieren versuche.

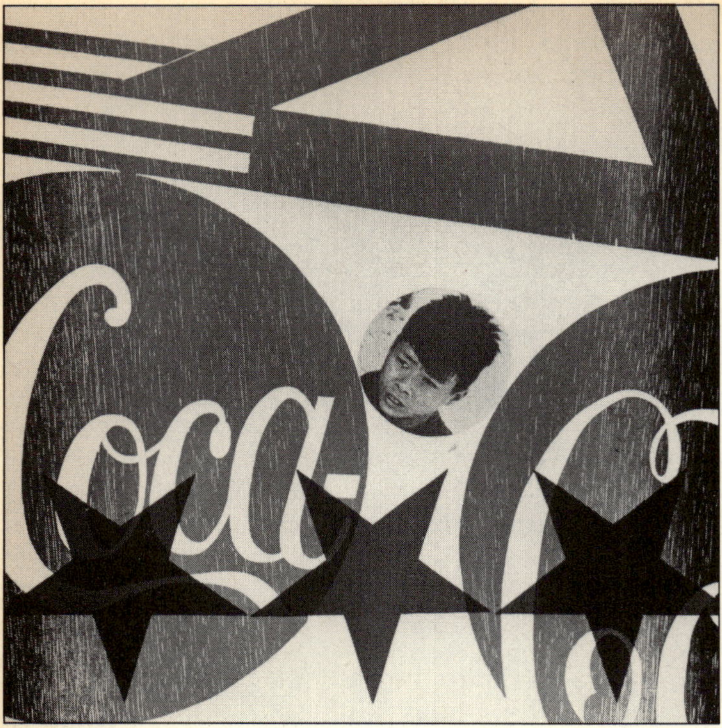

Coca Cola-day (1967), Holz- und Linolschnitt, Klischees

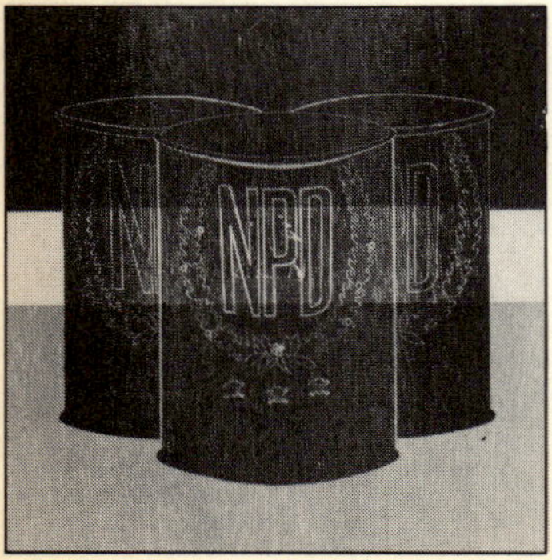

Konserventag (1967), Holzschnitt

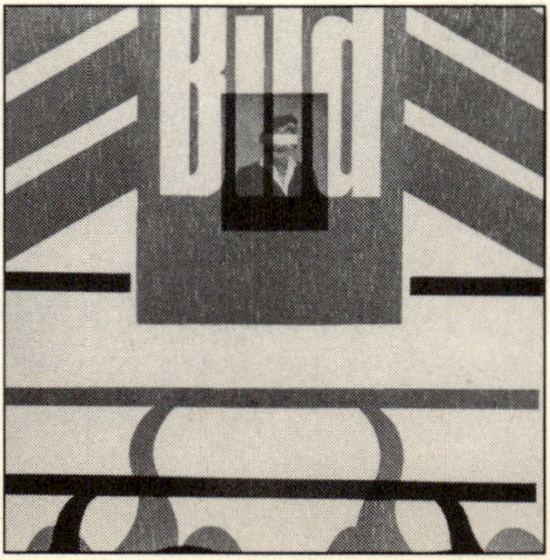

Blut- und BILD-Tag (1967), Holzschnitt/Klischee

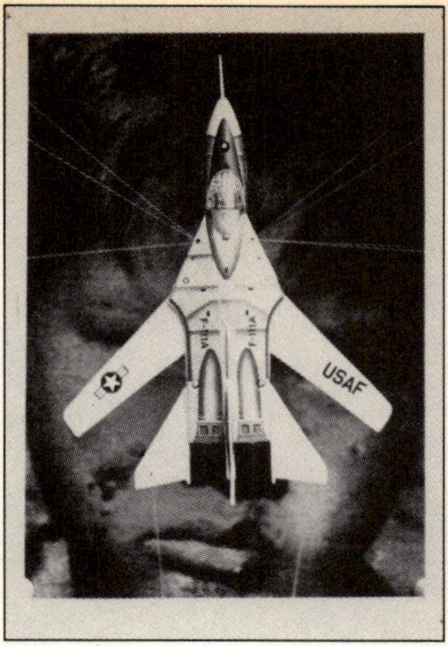

Kinderspielzeug (Phase 1) (1969), Objekt

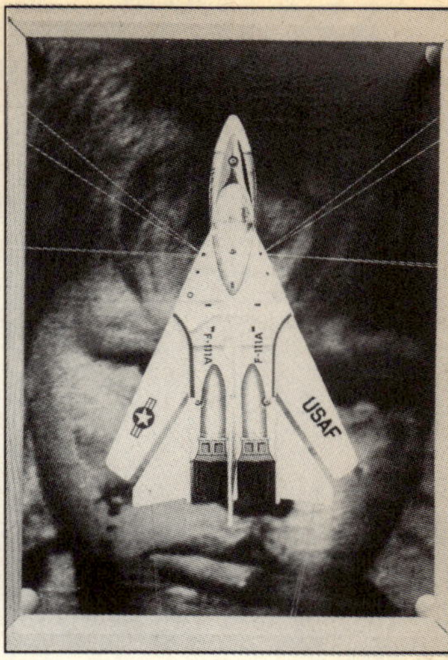

Kinderspielzeug (Phase 2) (1969), Objekt

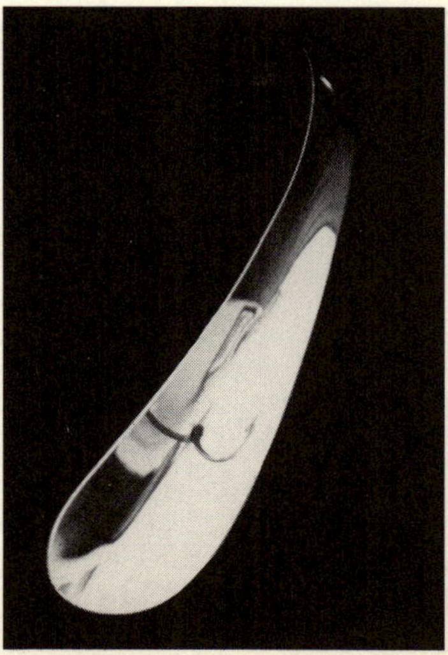

Spanischer Schuhlöffel (1970), Objekt

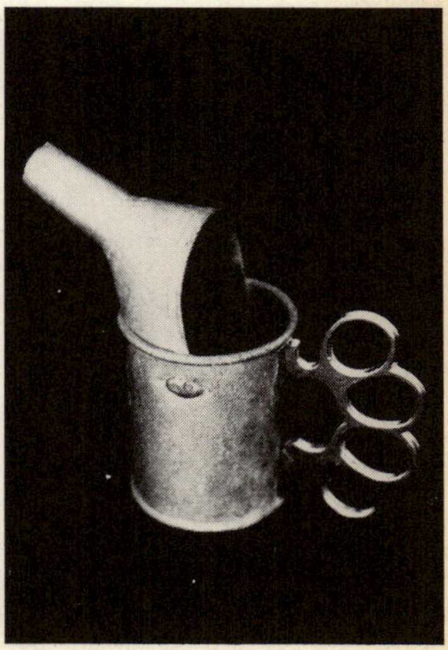

Schnabeltasse für pensionierte Diktatoren (1970), Objekt

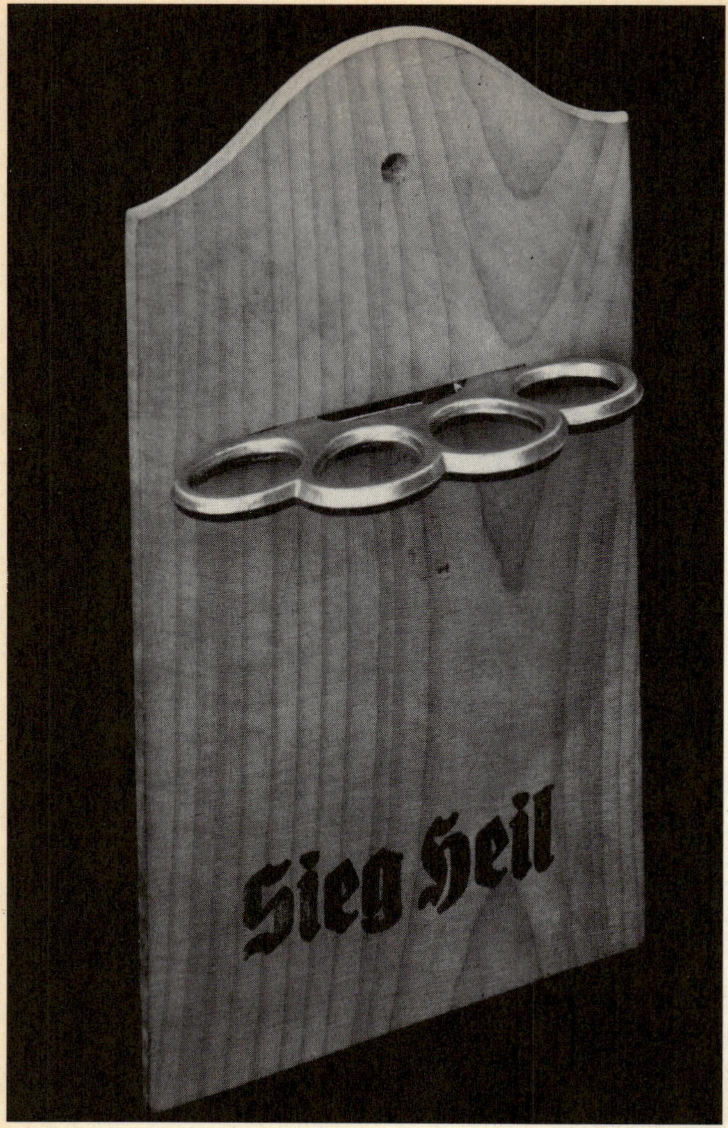

Wir setzen uns durch (1968), Objekt

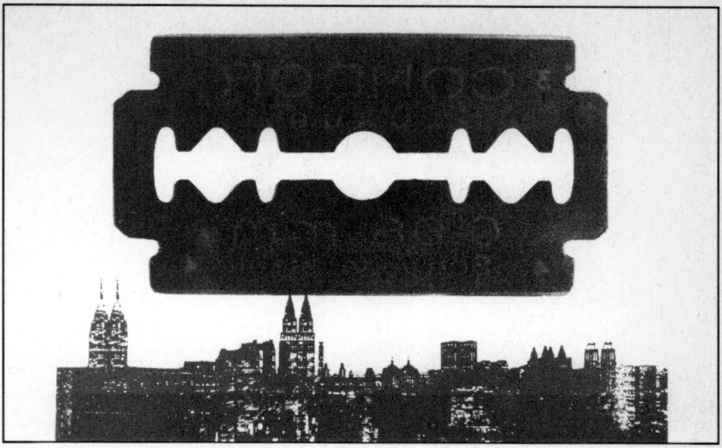

New York II (1969), Serigrafie

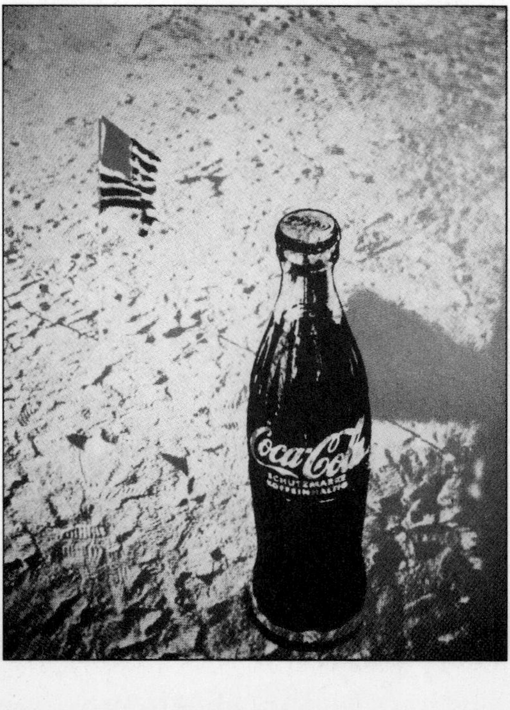

Coca Cola II (1970), Serigrafie

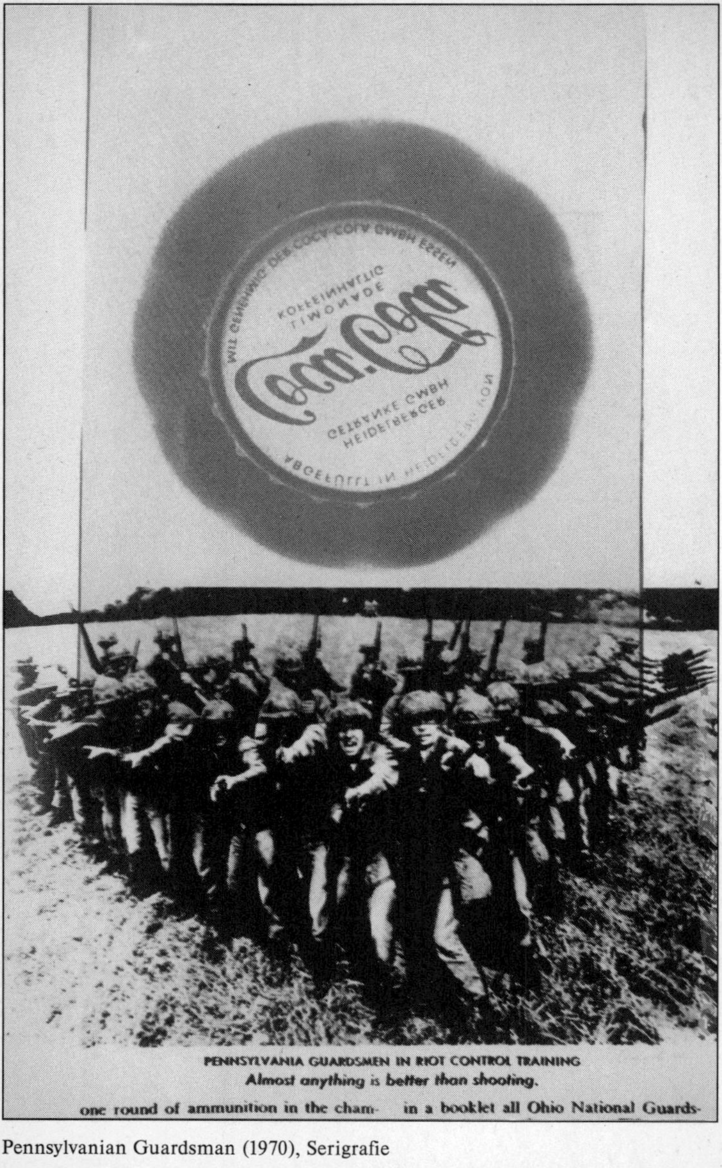

Pennsylvanian Guardsman (1970), Serigrafie

Die Plakate

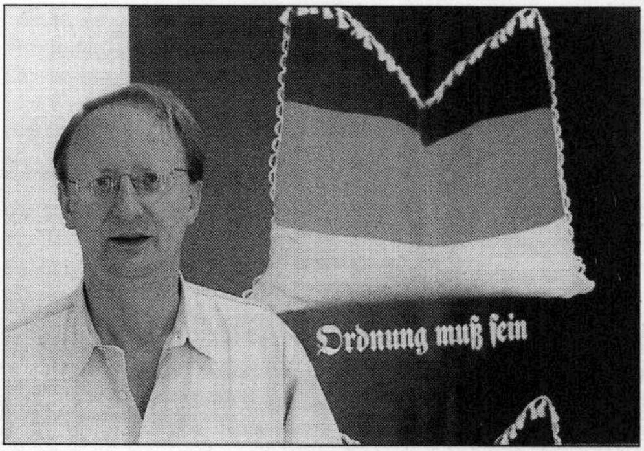

Klaus Staeck

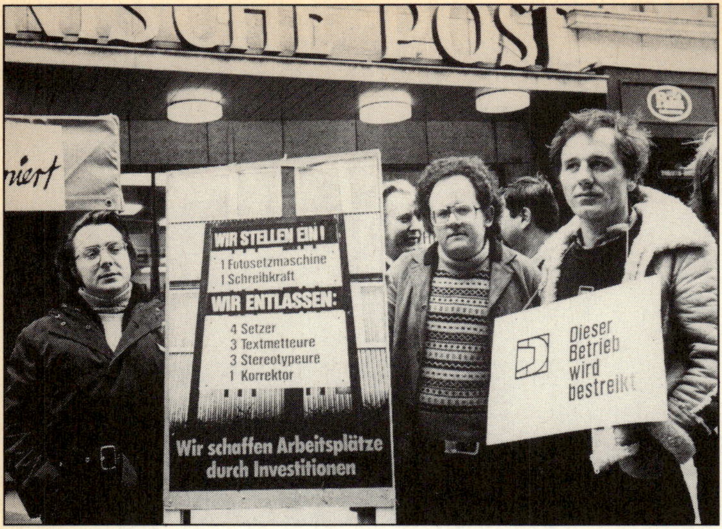

Druckerstreik bei der Rhein-Post, 1978

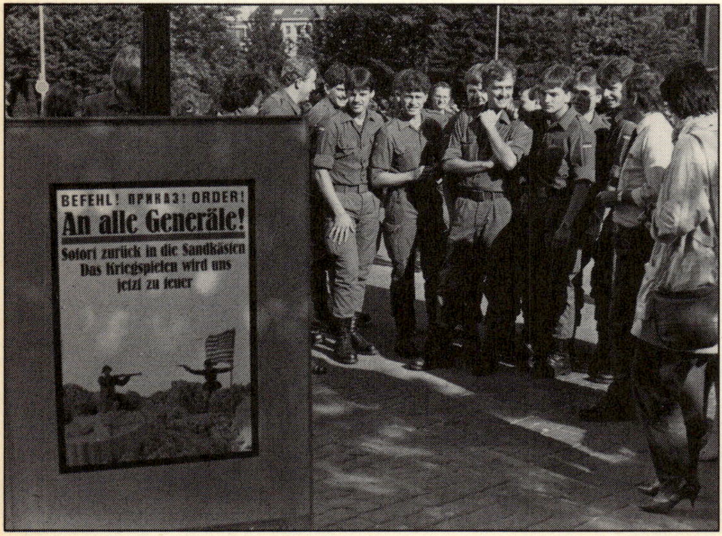

Straßenausstellung in Aachen, 1984

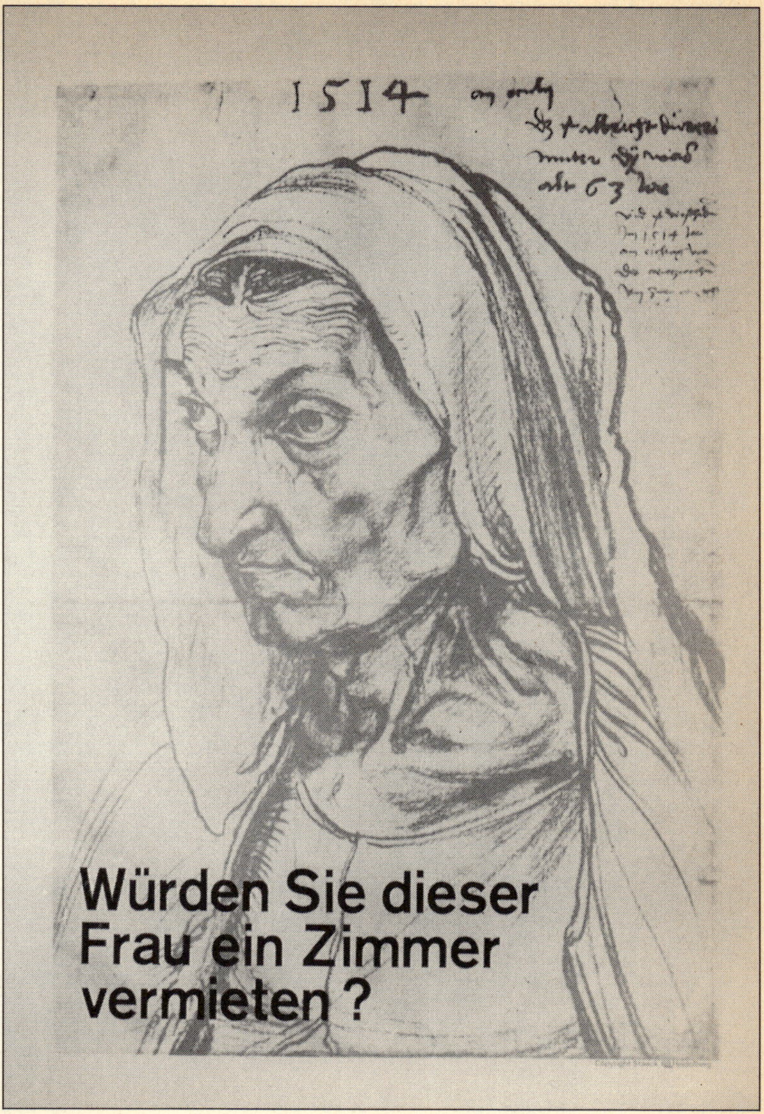

Dürer-Mutter (1970)

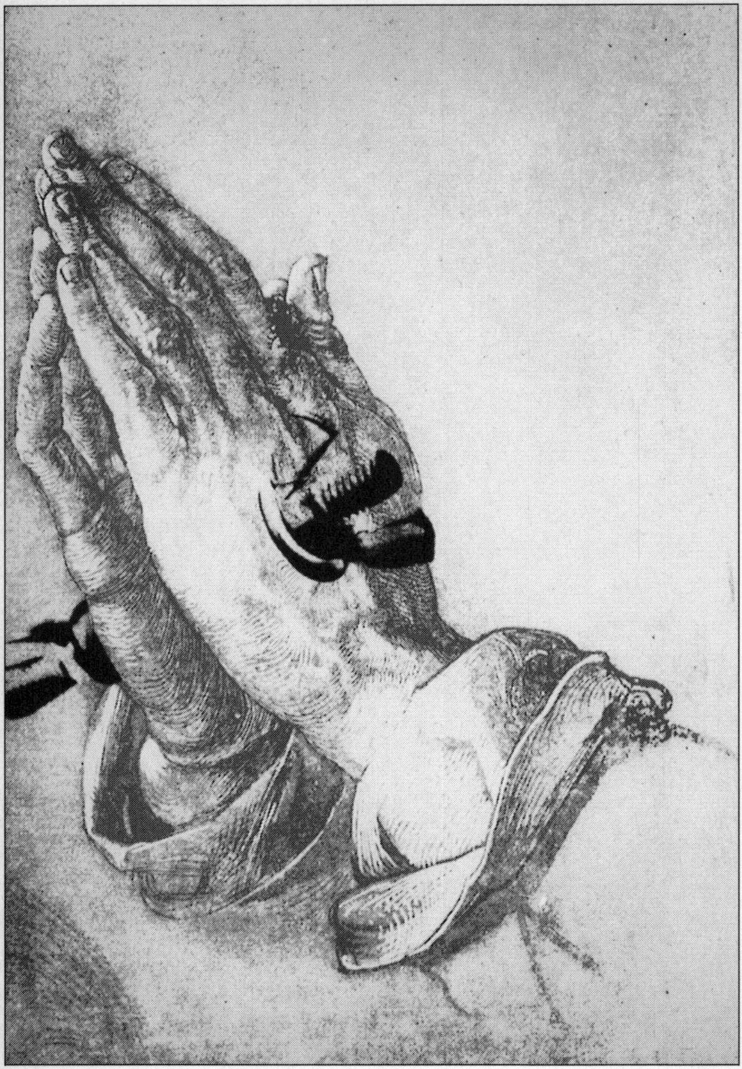

Zur Konfirmation (1970)

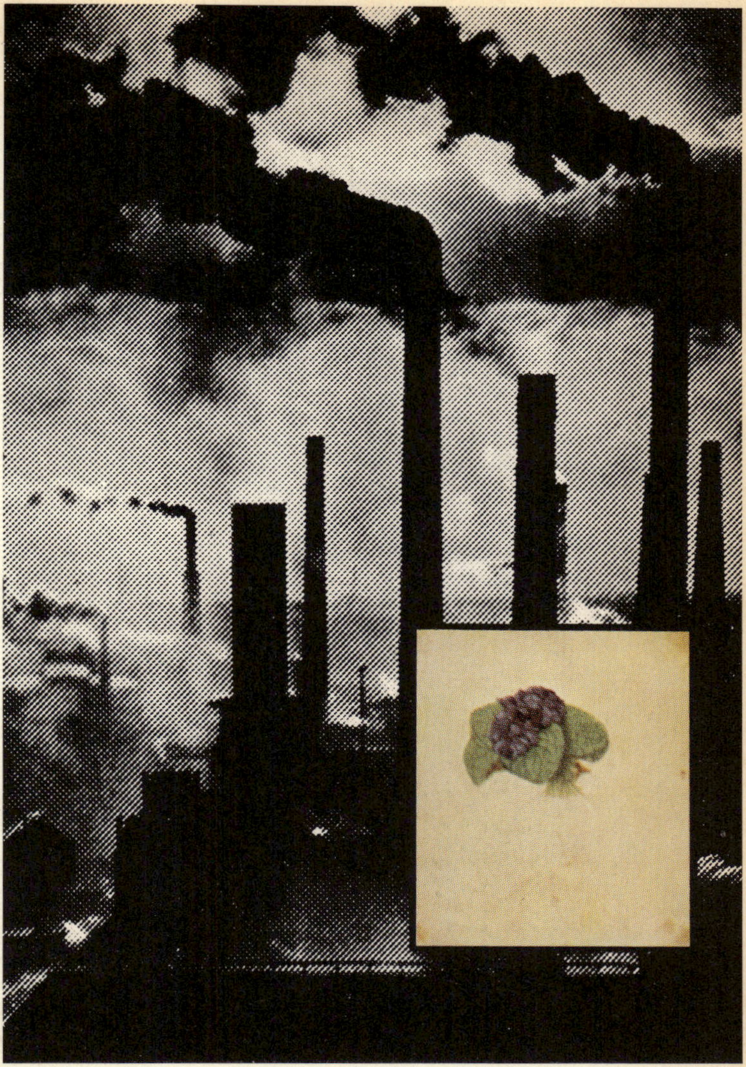

Zum Muttertag (1971)

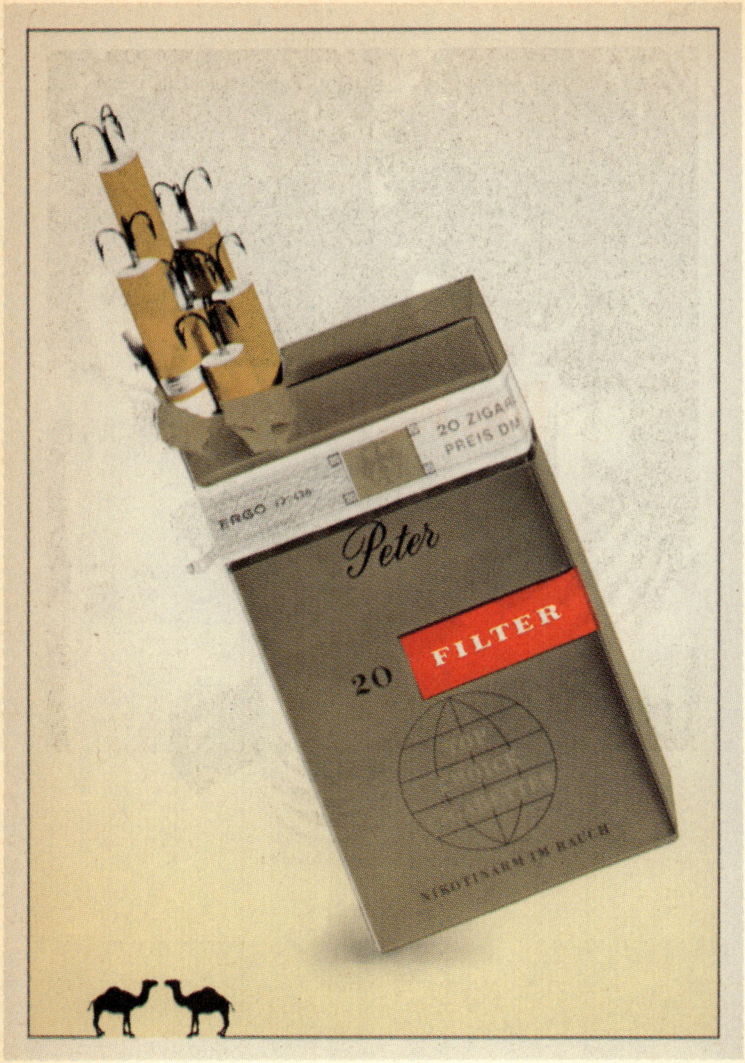

Direkte Werbung I (1970)

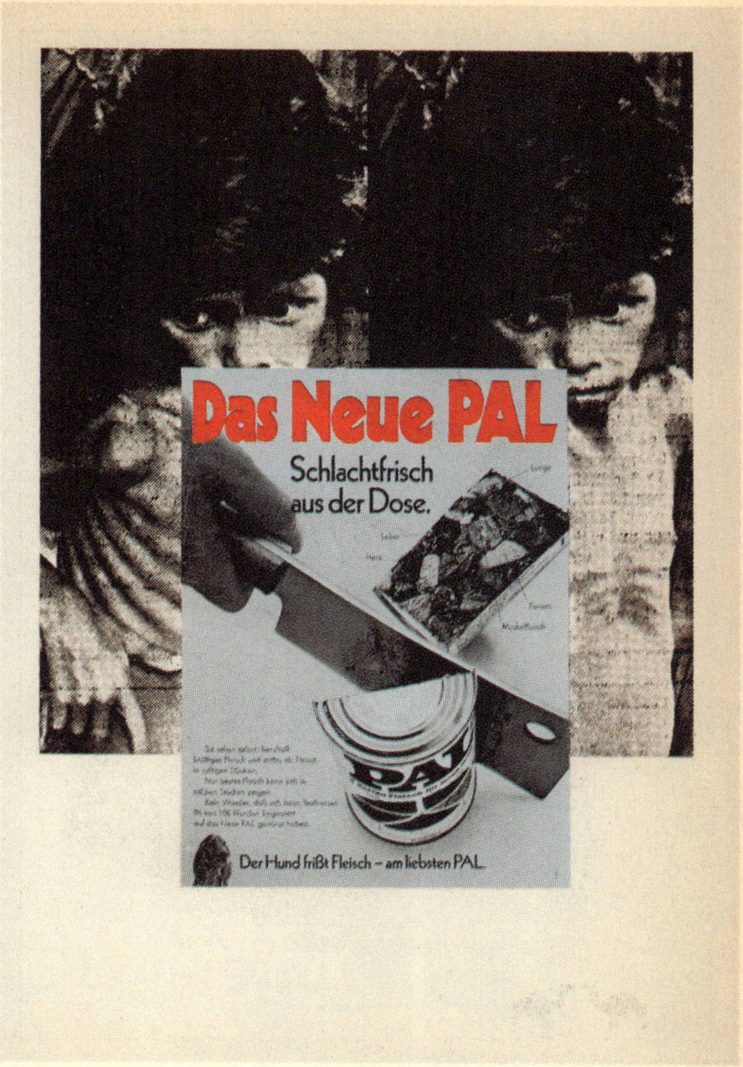

Das neue PAL (1969)

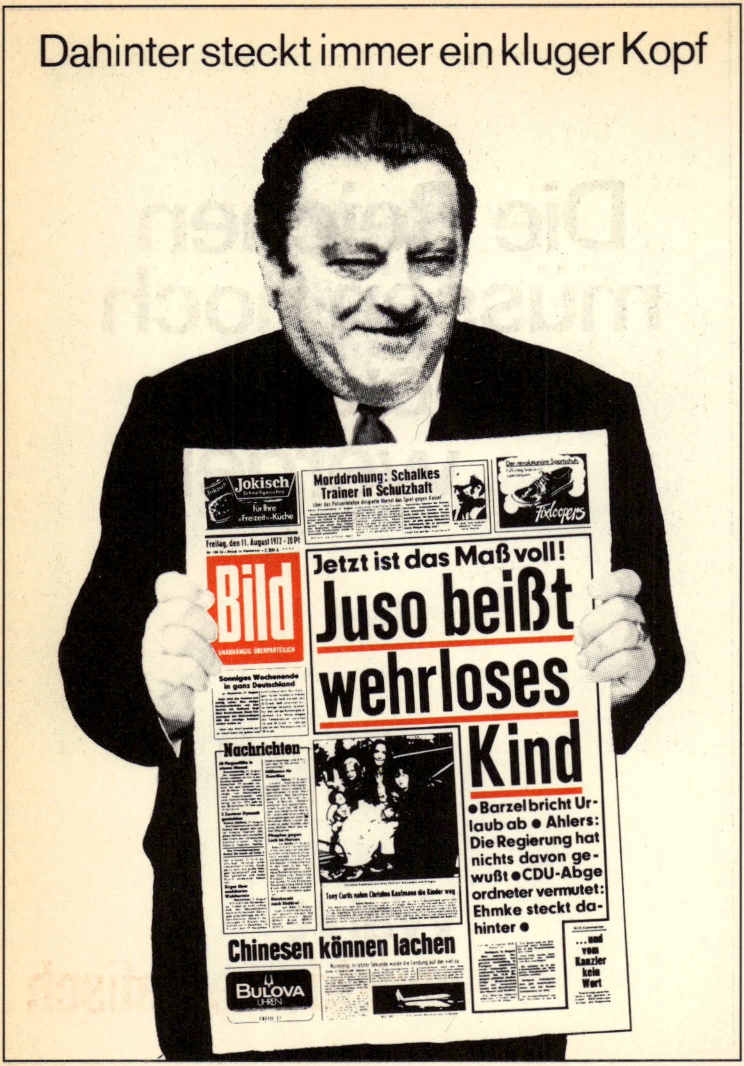

Juso beißt wehrloses Kind (1972)

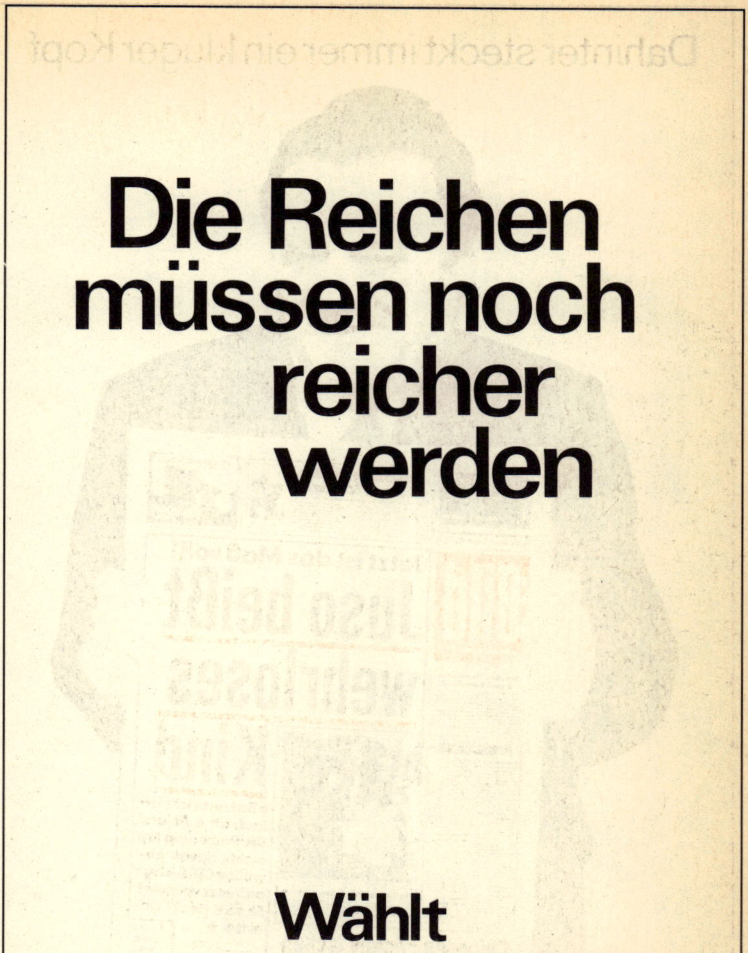

Die Reichen (1972)

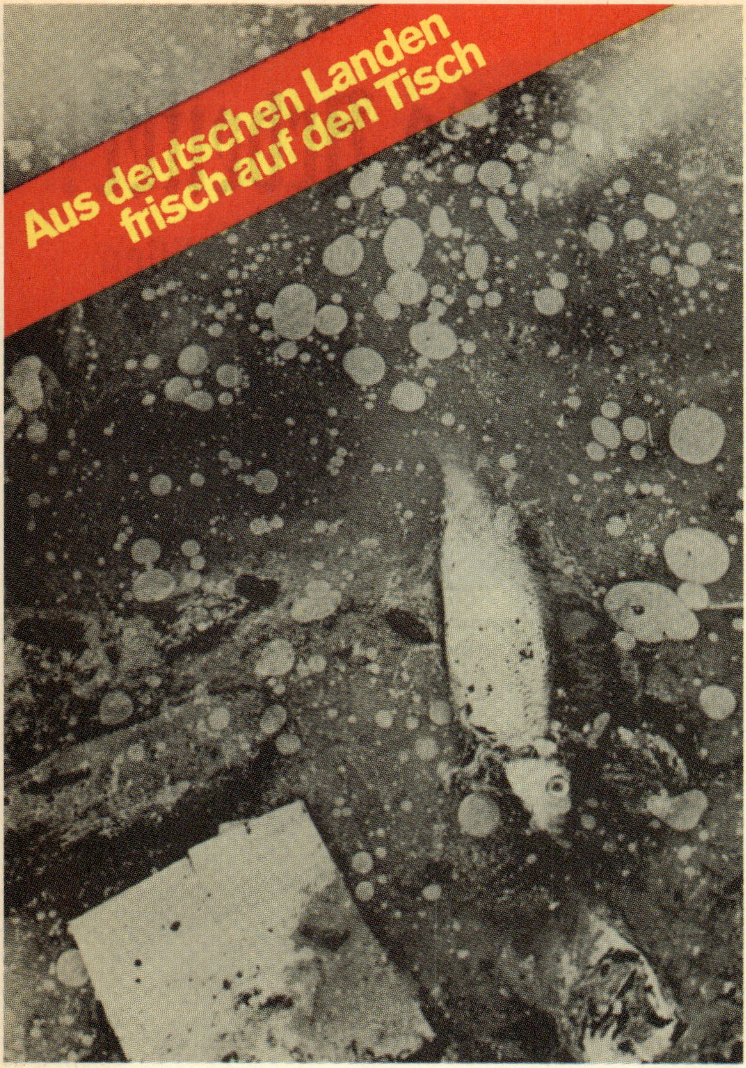

Aus deutschen Landen (1972)

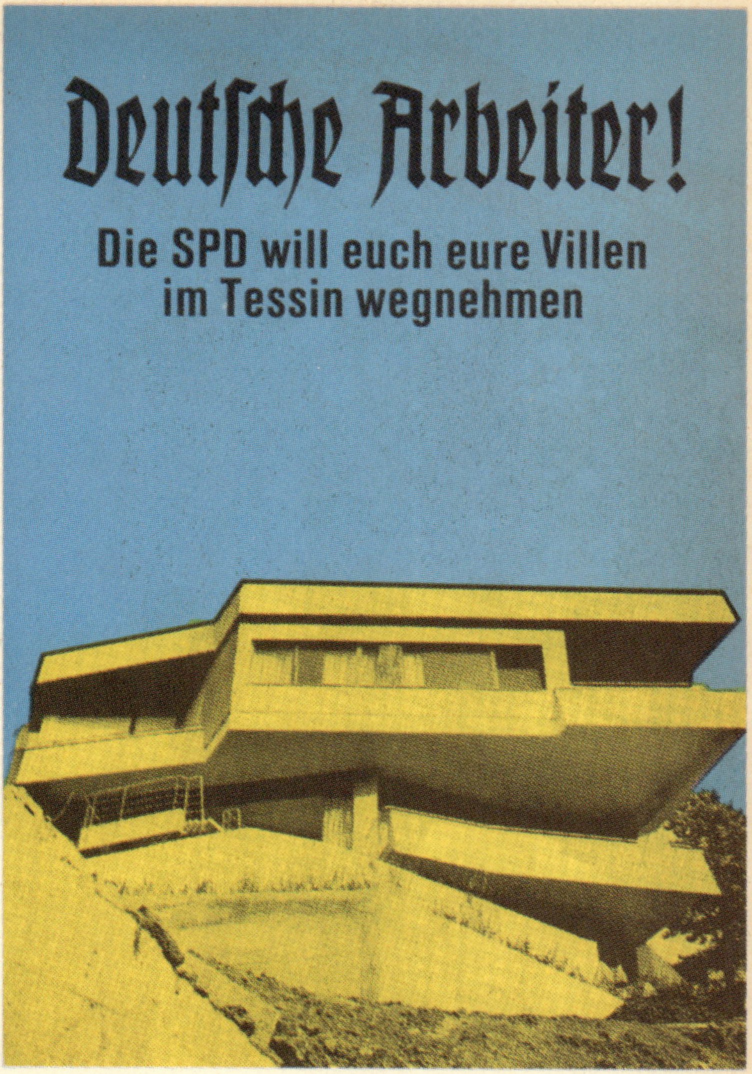

Deutsche Arbeiter (1972)

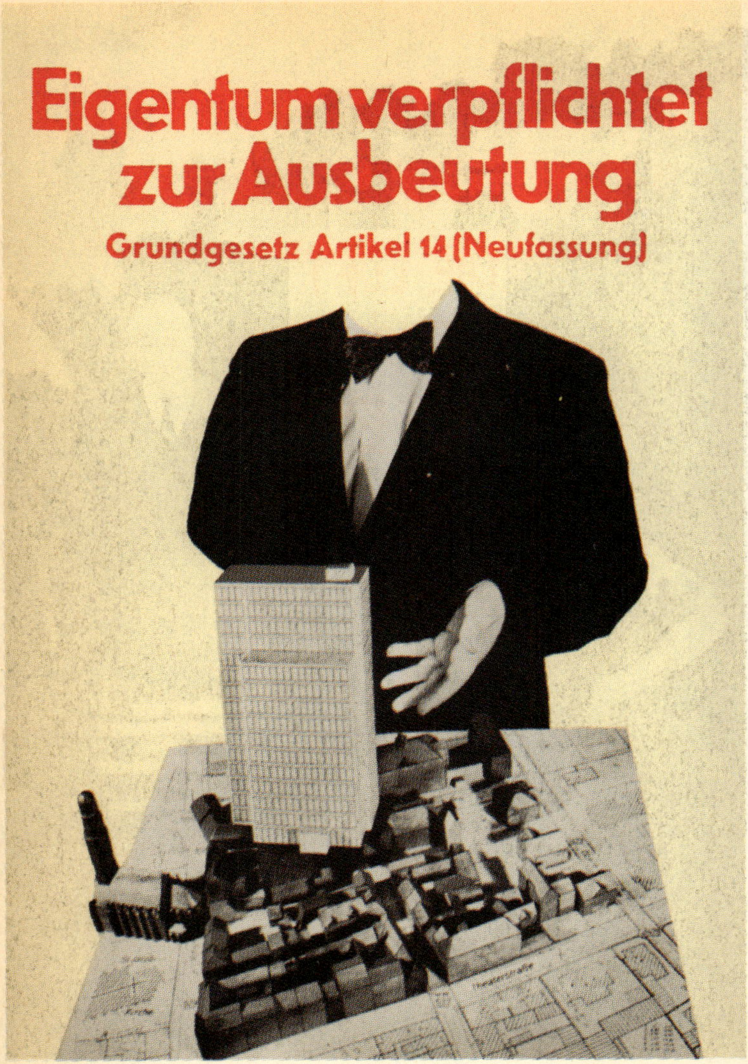

Eigentum verpflichtet (1973)

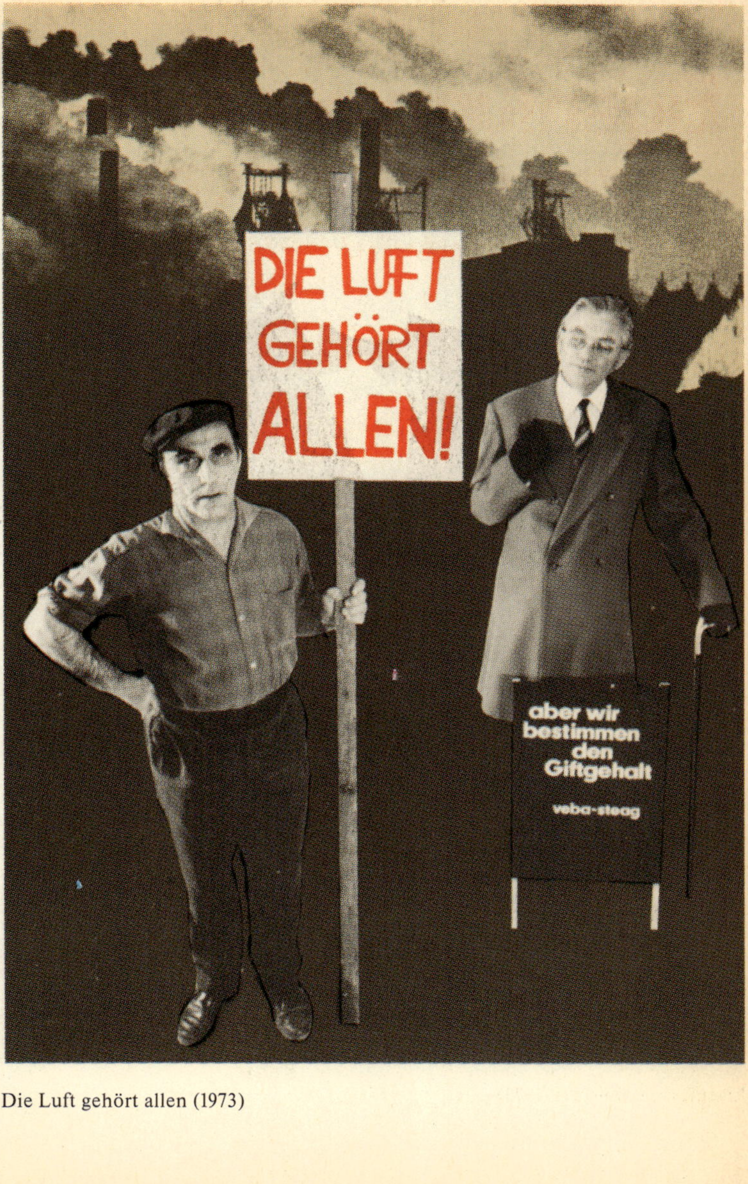

Die Luft gehört allen (1973)

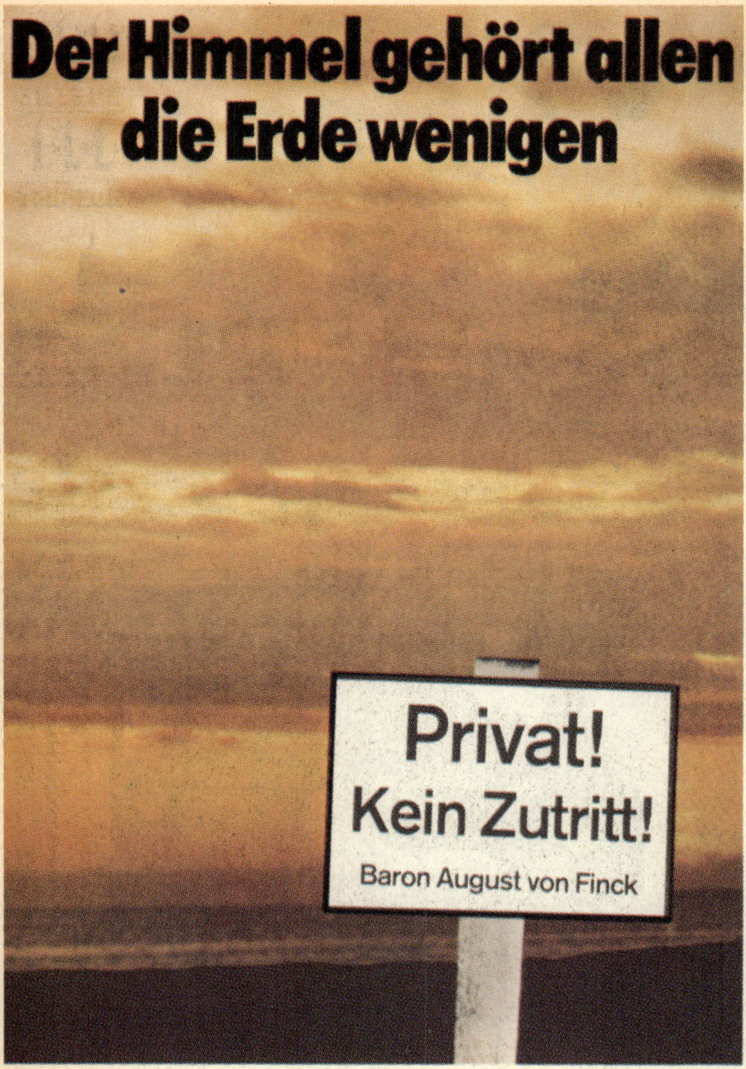

Der Himmel gehört allen (1973)

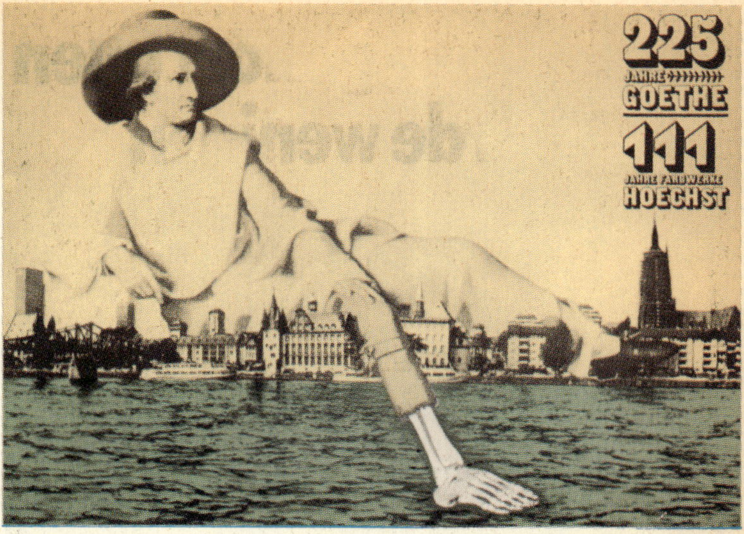

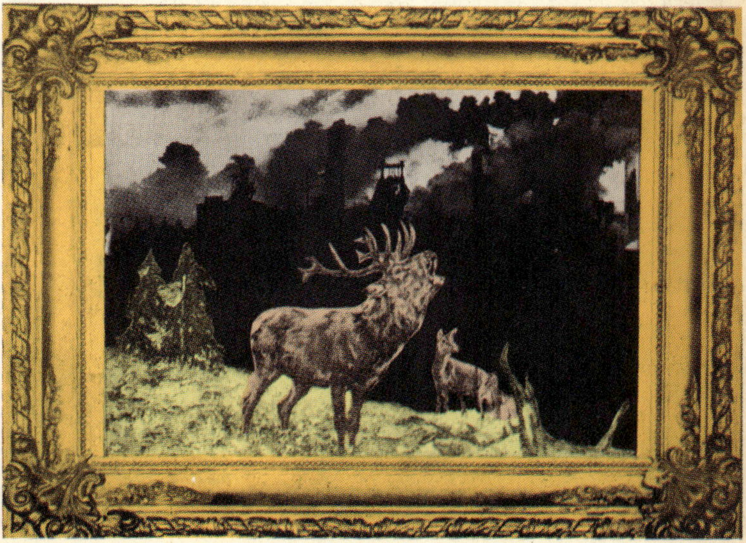

225 Jahre Goethe (1974)
Es röhrt zum Himmel (1974)

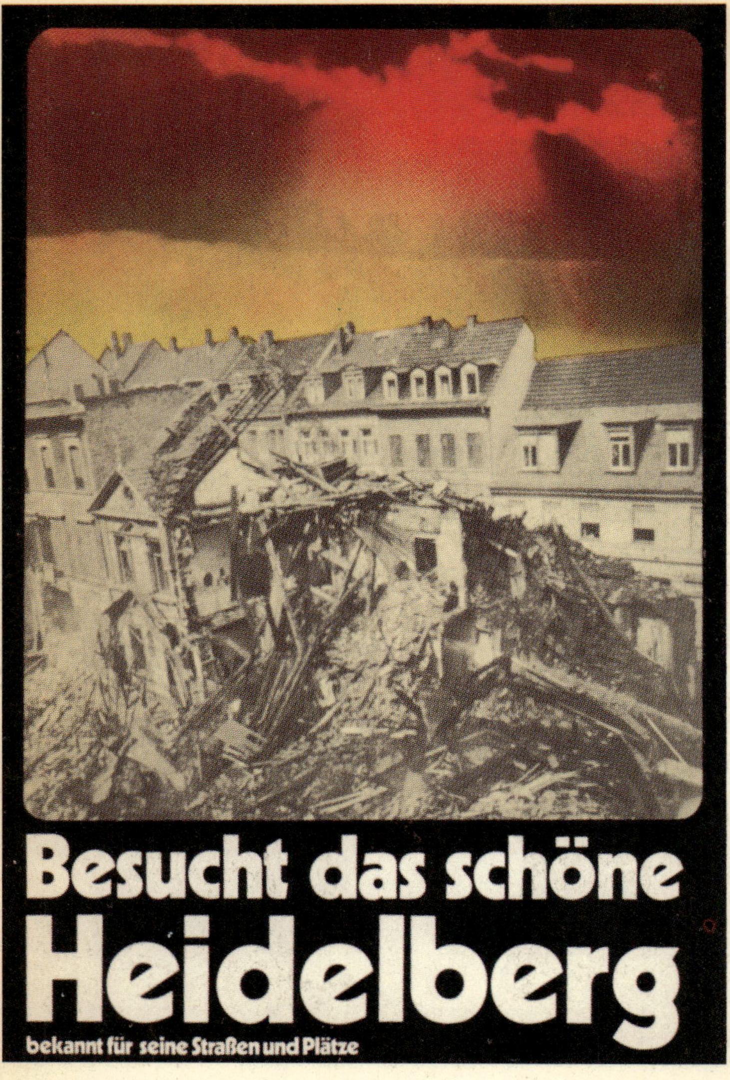

Heidelberg (1975)

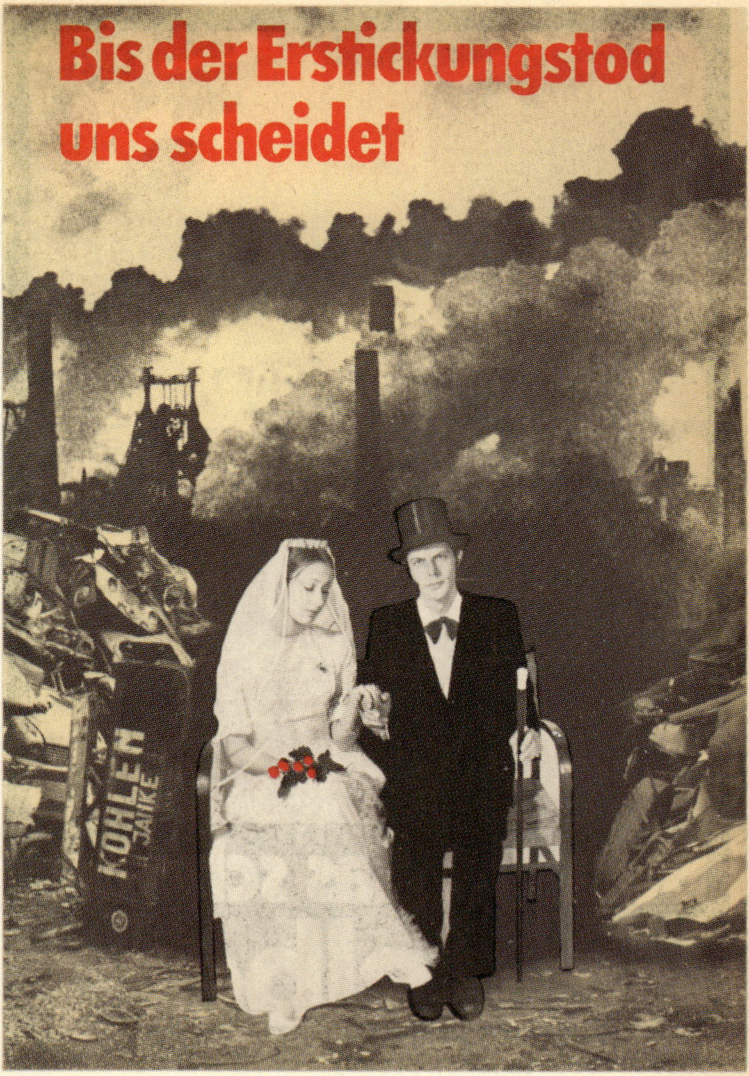

Erstickungstod (1974)

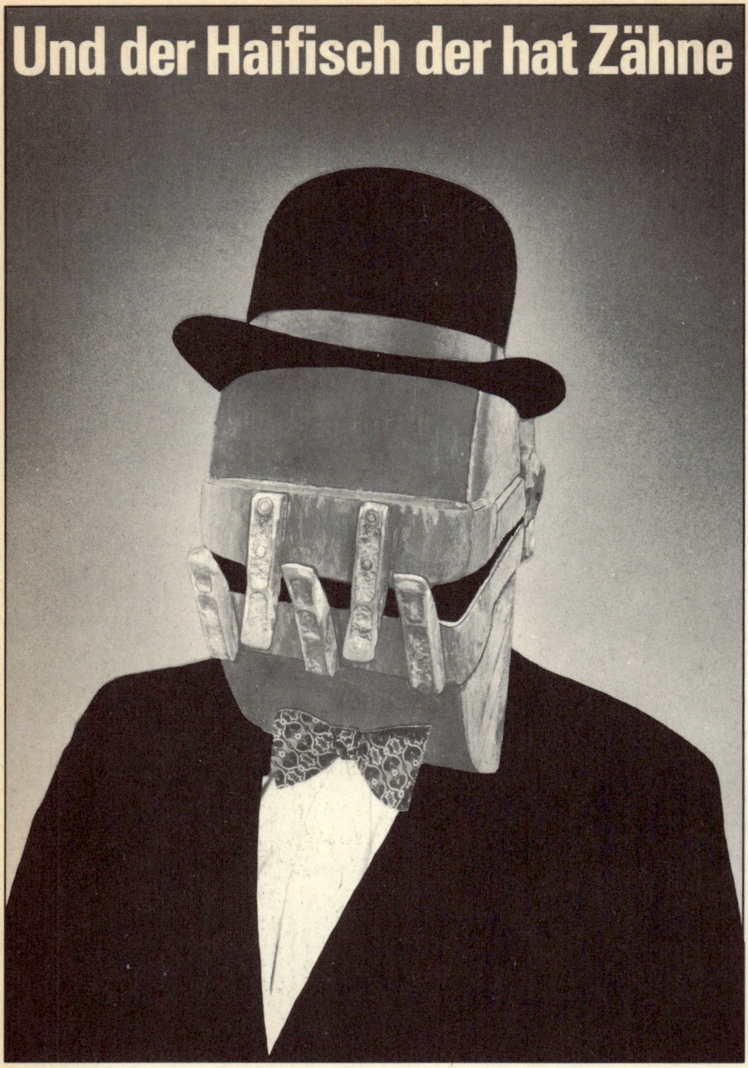

Baulöwe (1975)

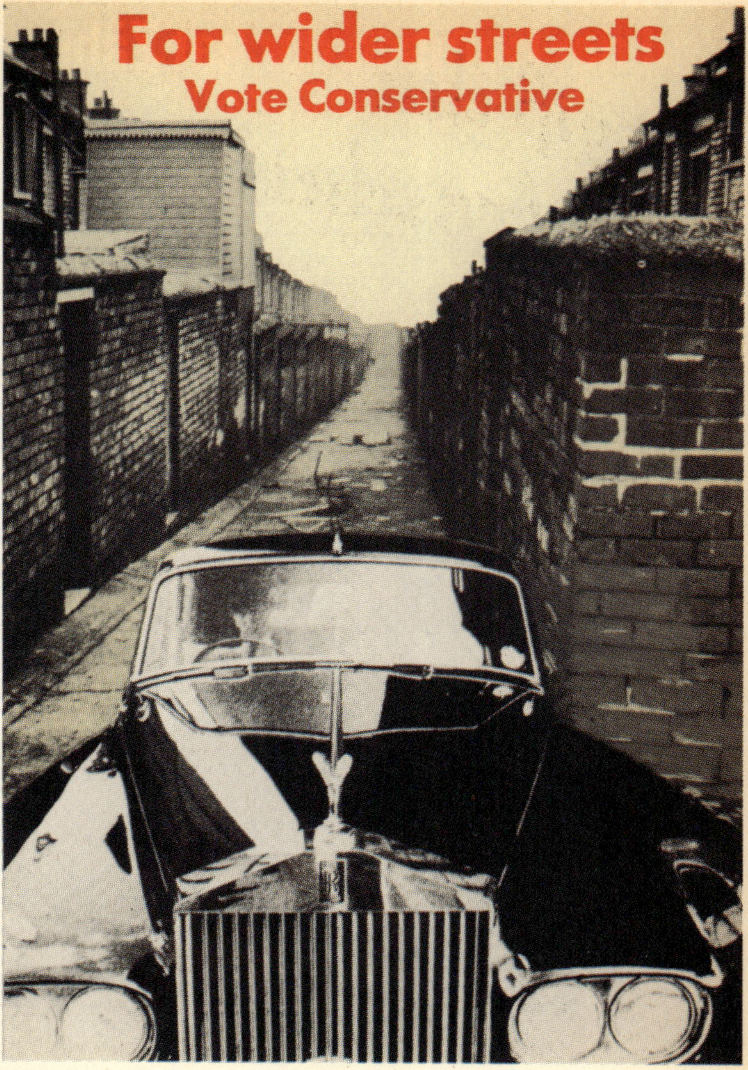

For wider streets (1974)

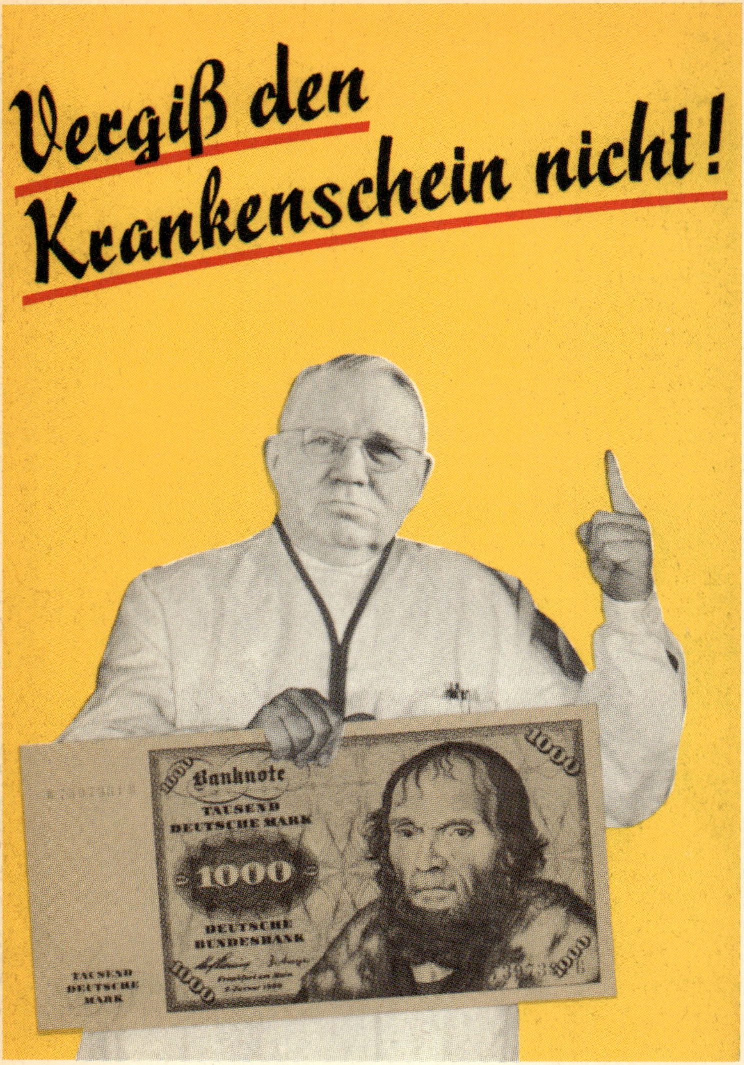

Krankenschein (1975)

Bekanntmachung

Betr.: Radikalenerlaß

Die Bevölkerung wird noch einmal darauf hingewiesen, daß die ehem. Mitgliedschaft in NSDAP, SA, SD, SS und im NS-Rechtswahrerbund einer Beschäftigung im öffentlichen Dienst nicht entgegensteht.

Der Landesbeauftragte für das Gesinnungswesen.

Radikalenerlaß (1975)

Mitbürger!
Lesen macht dumm und gewalttätig

Der Beauftragte für den Gemeinschaftsfrieden

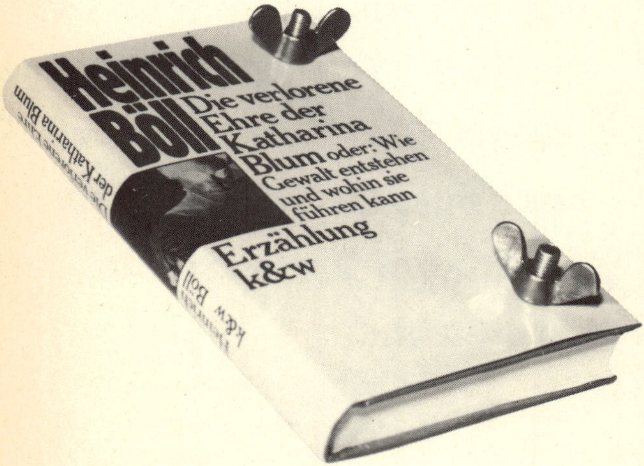

Aus Sorge um die Freiheitlich Demokratische Grundordnung wurde ein Gesetz zum Schutz des Gemeinschaftsfriedens vorgelegt (Bundestagsdrucksache Nr. 7/3030, 2772, 2854), das der kritischen Literatur endlich ein Ende bereiten soll (§130a StGB). Der CDU-Fraktionsvorsitzende Carstens hat vielen Abgeordneten aus der Seele gesprochen, als er am 12.12.74 in Duisburg verkündete: »Ich fordere die ganze Bevölkerung auf, sich von der Terrortätigkeit zu distanzieren, insbesondere auch den Dichter Heinrich Böll, der noch vor wenigen Monaten unter dem Pseudonym Katharina Blüm ein Buch geschrieben hat, das eine Rechtfertigung von Gewalt darstellt.«

Lesen macht dumm (1975)

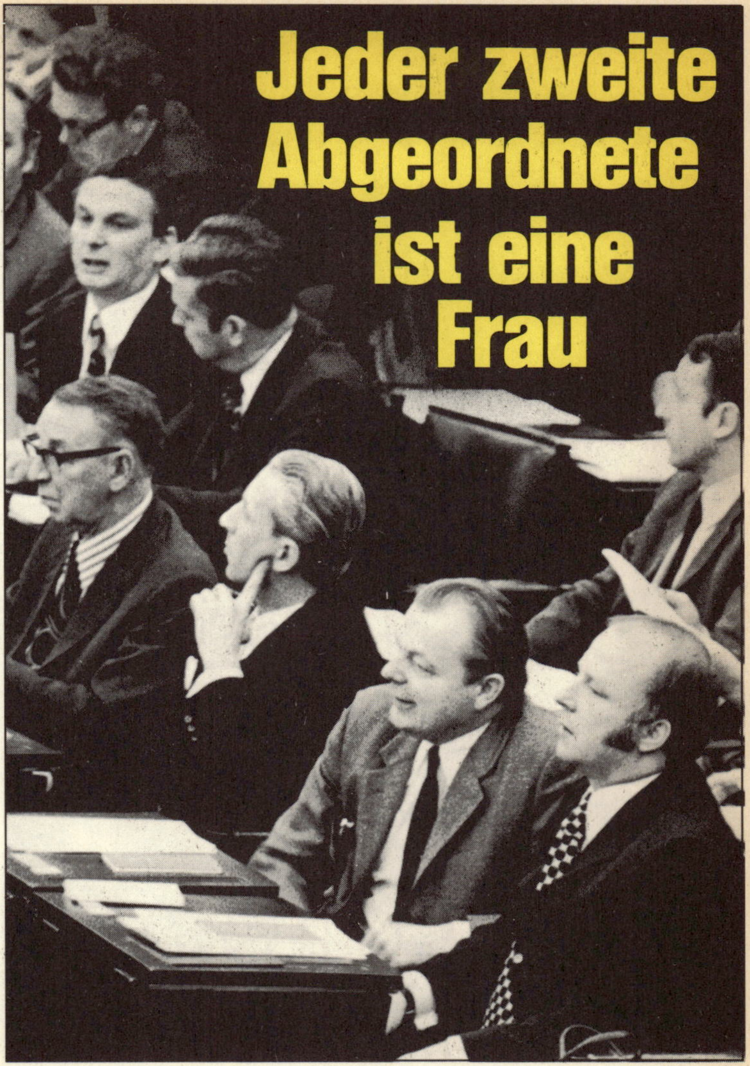

Gleichberechtigung (1976)

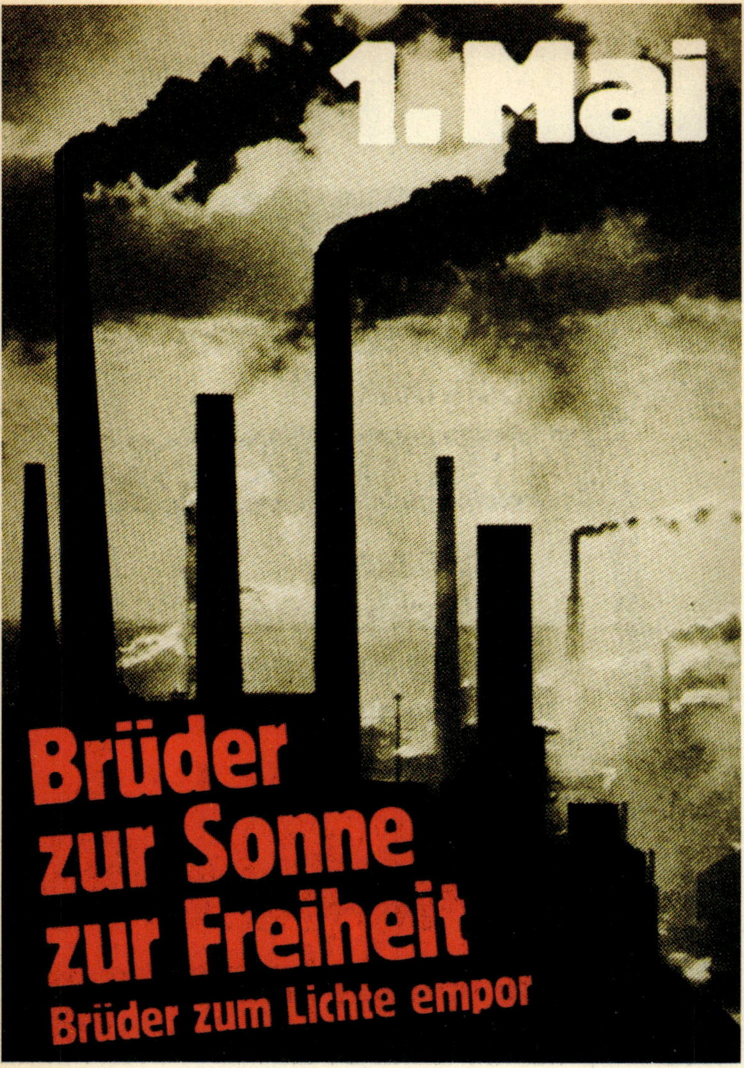

Zum Lichte empor (1977)

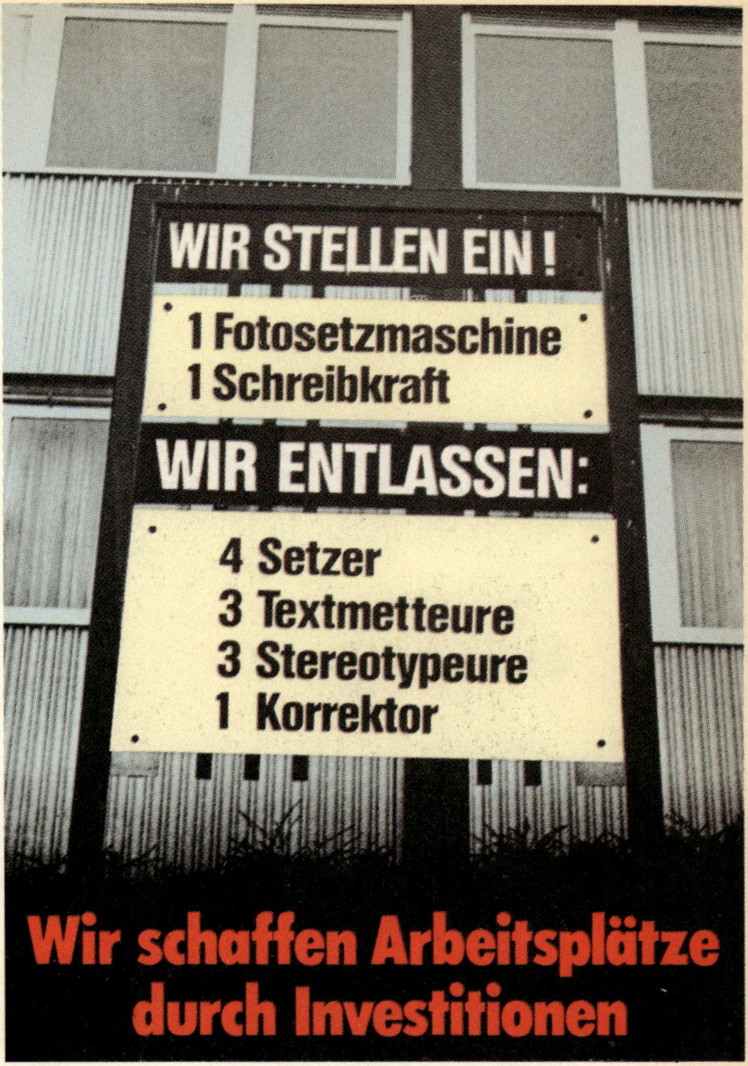

Arbeitsplätze durch Investitionen (1977)

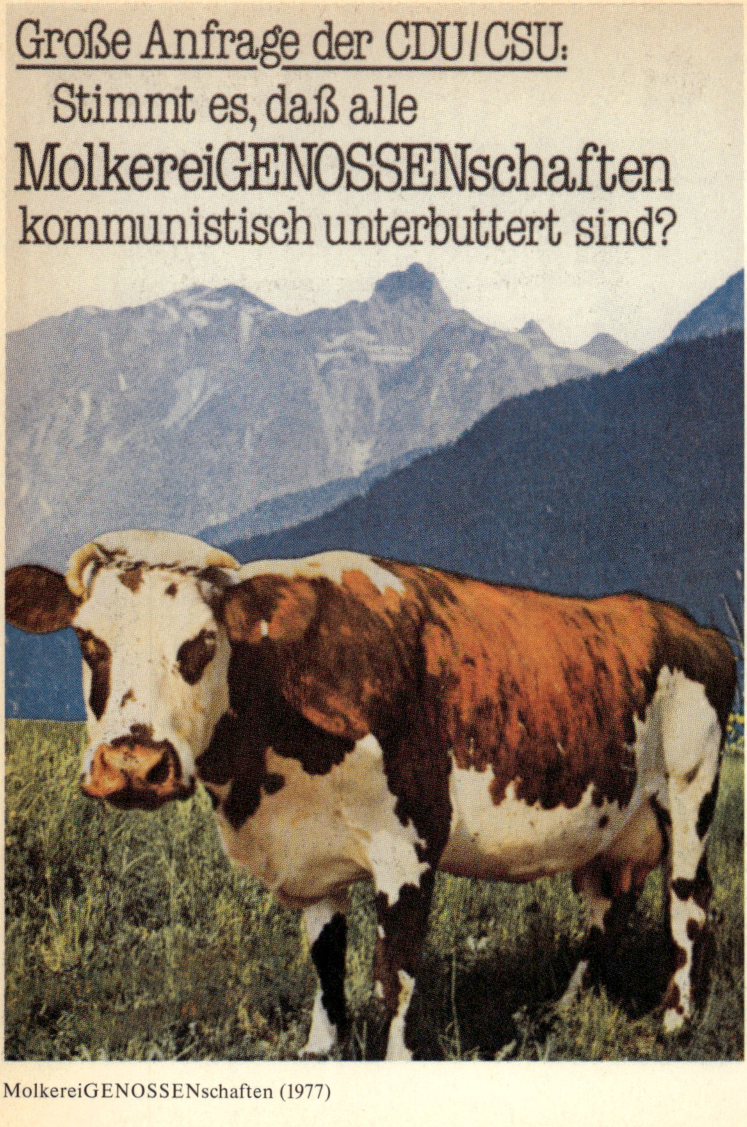

MolkereiGENOSSENschaften (1977)

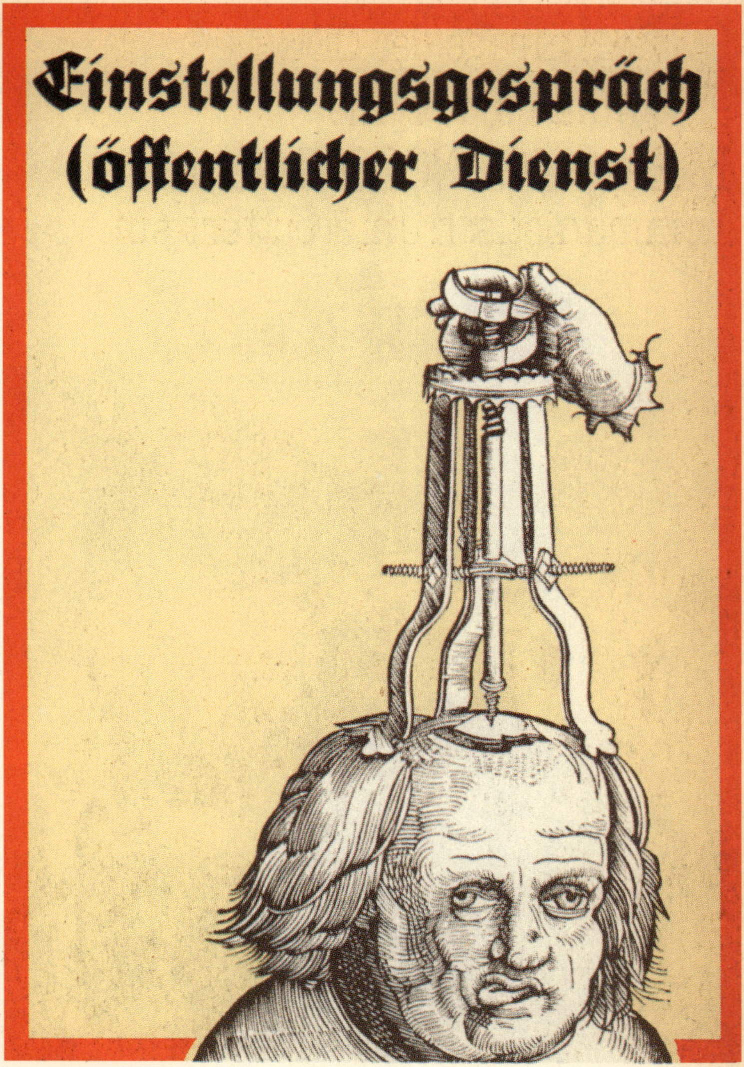

Einstellungsgespräch (1977)

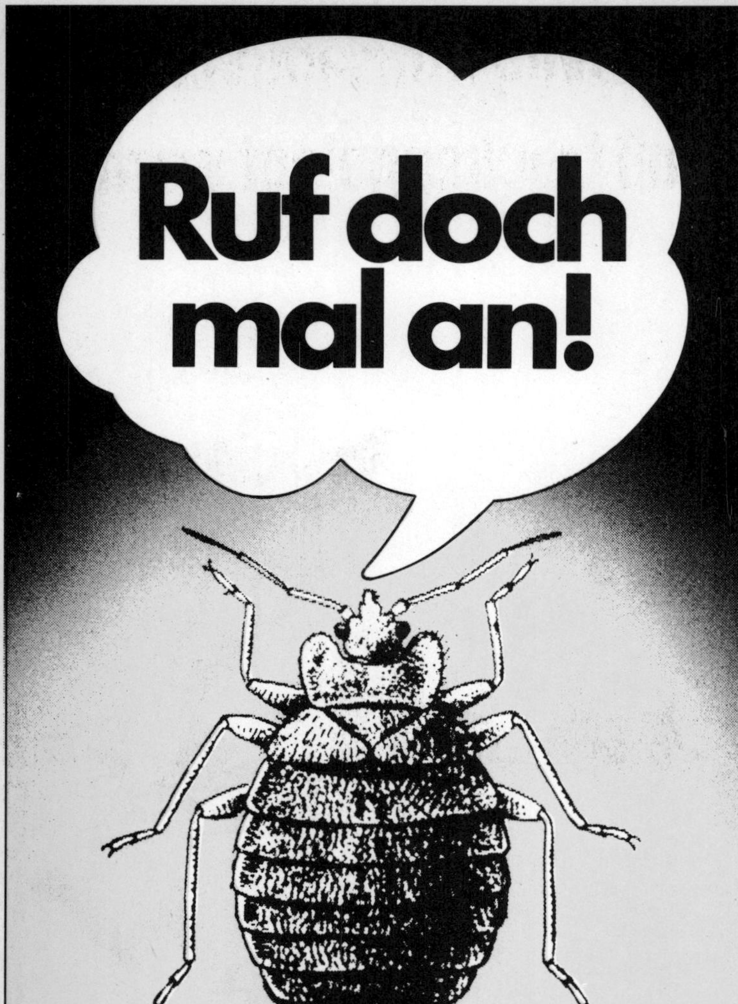

Ruf doch mal an (1977)

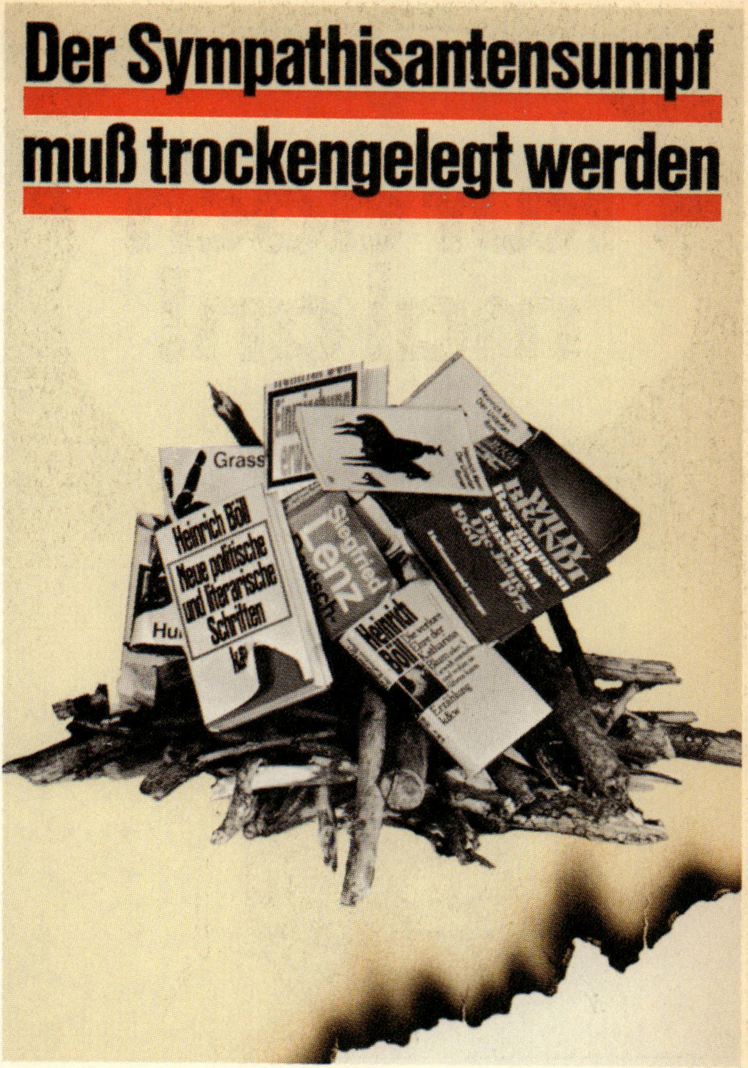

Sympathisantensumpf (1977)

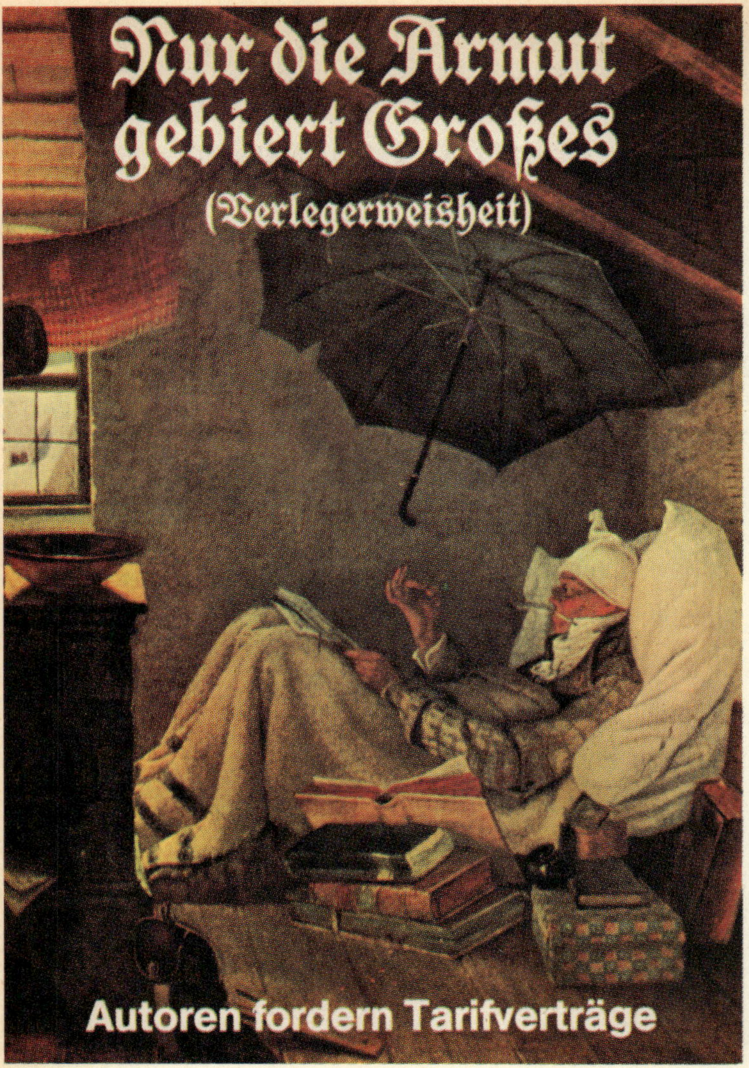

Der arme Poet (1977)

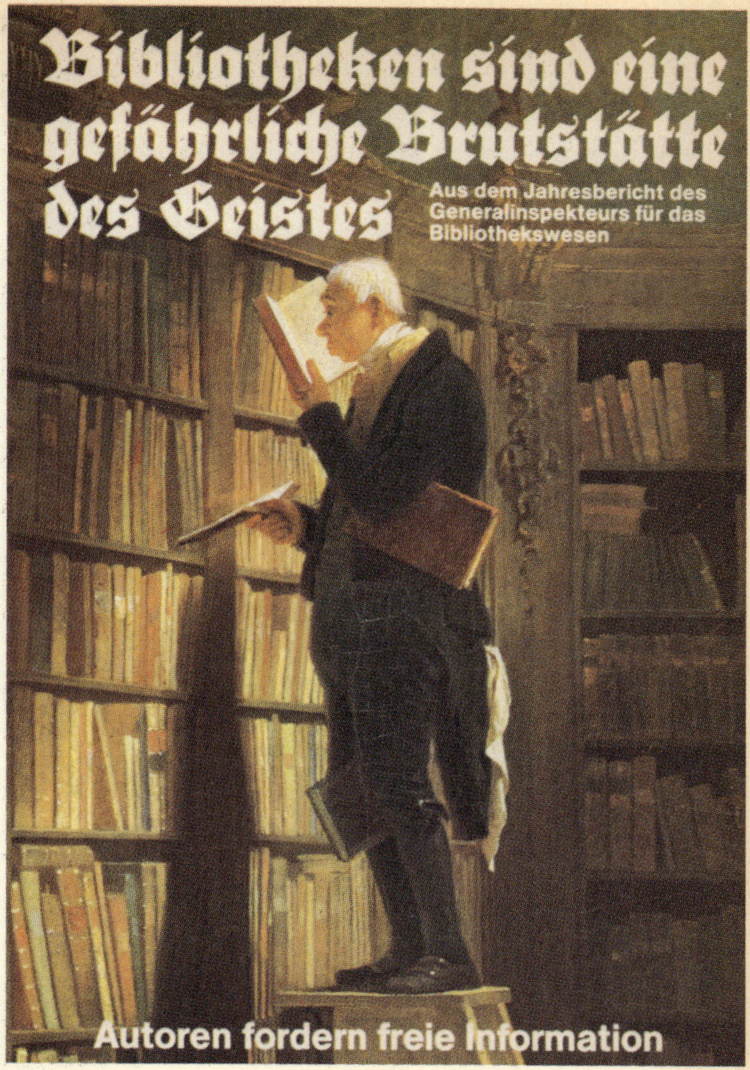

Der Bücherwurm (1978)

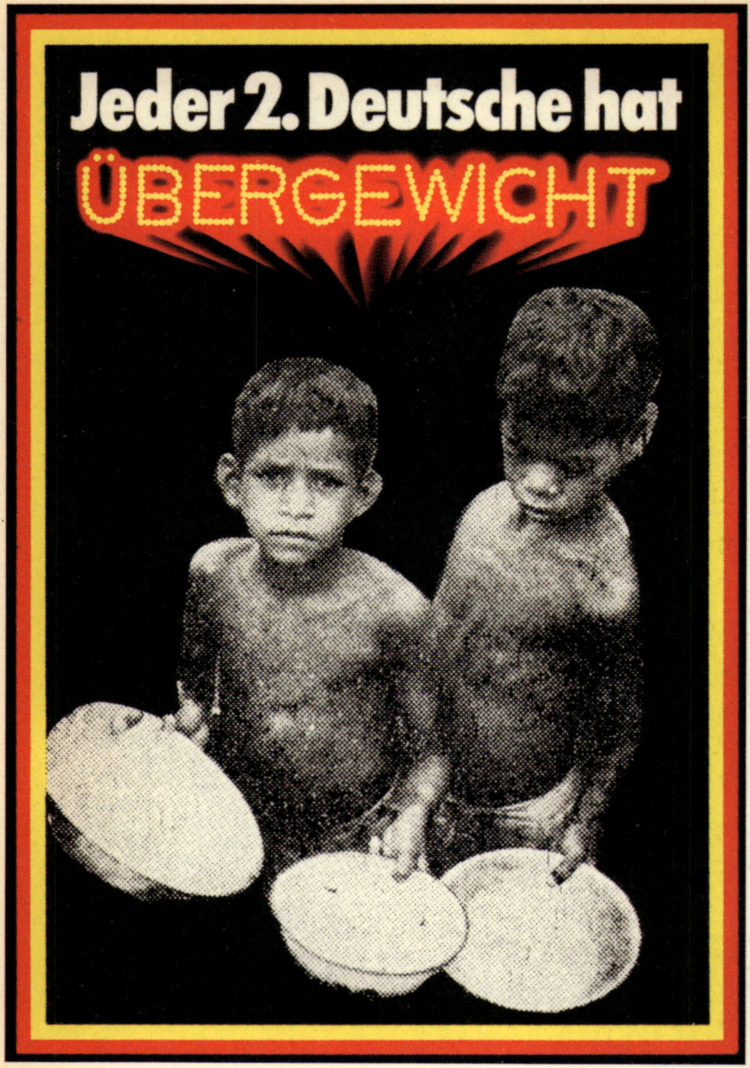

Übergewicht (1977)

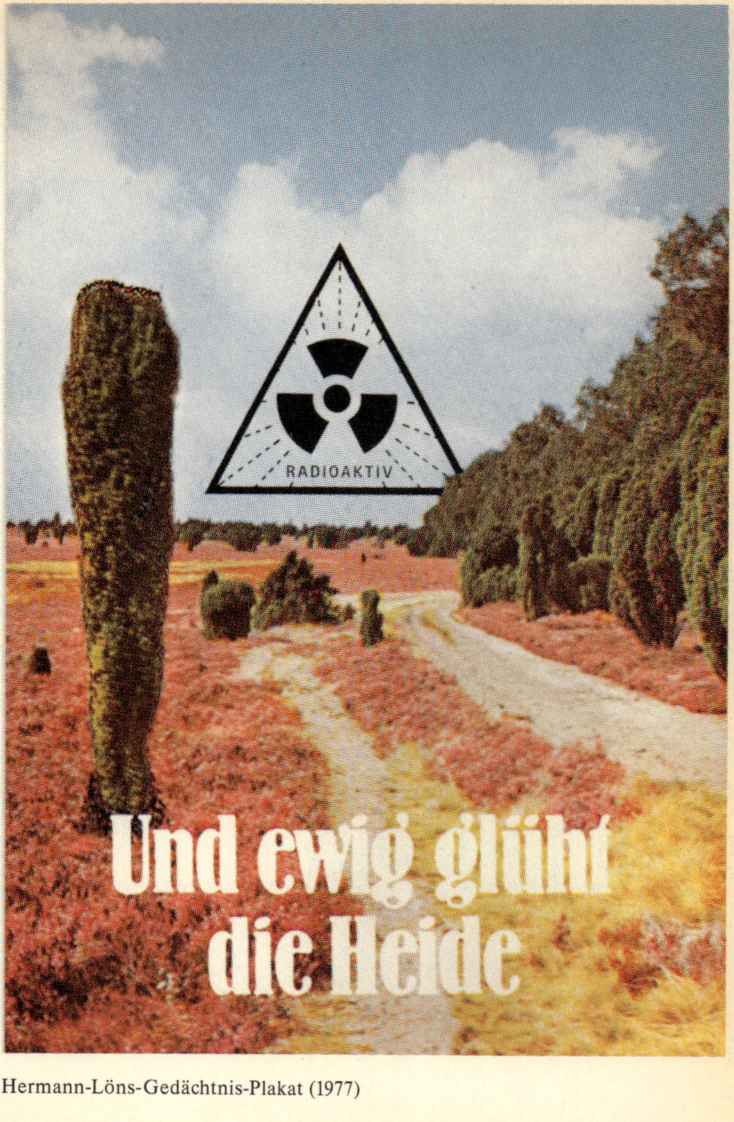

Hermann-Löns-Gedächtnis-Plakat (1977)

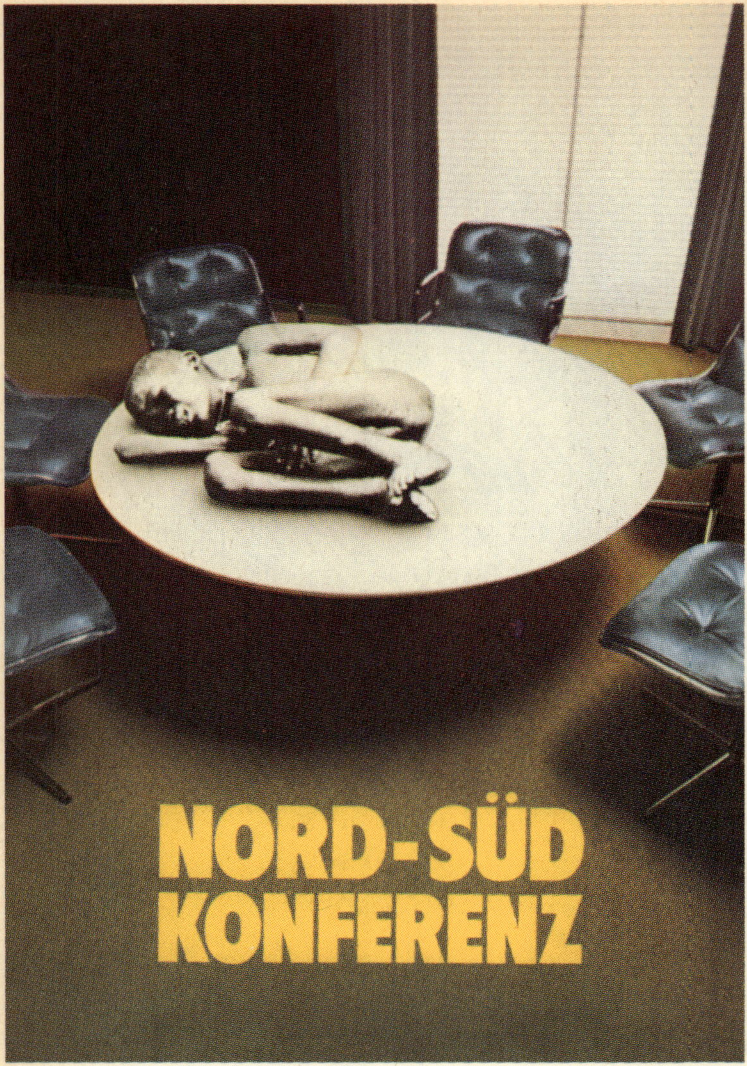

Nord-Süd-Konferenz (1979)

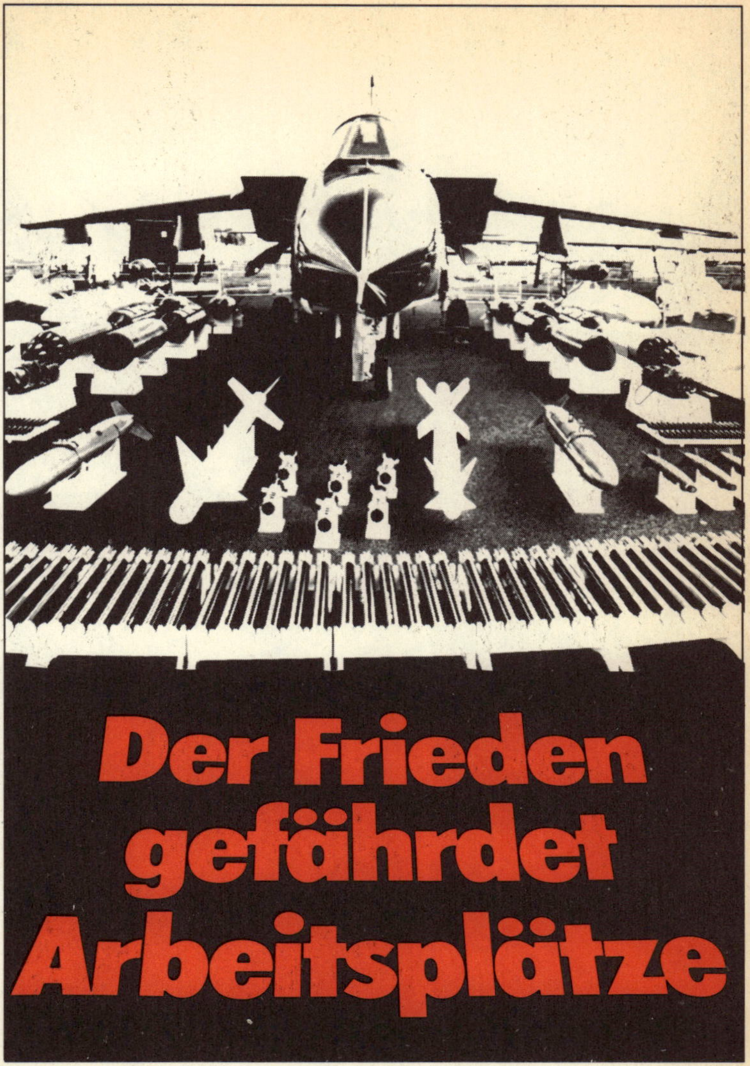

Der Frieden gefährdet Arbeitsplätze (1978)

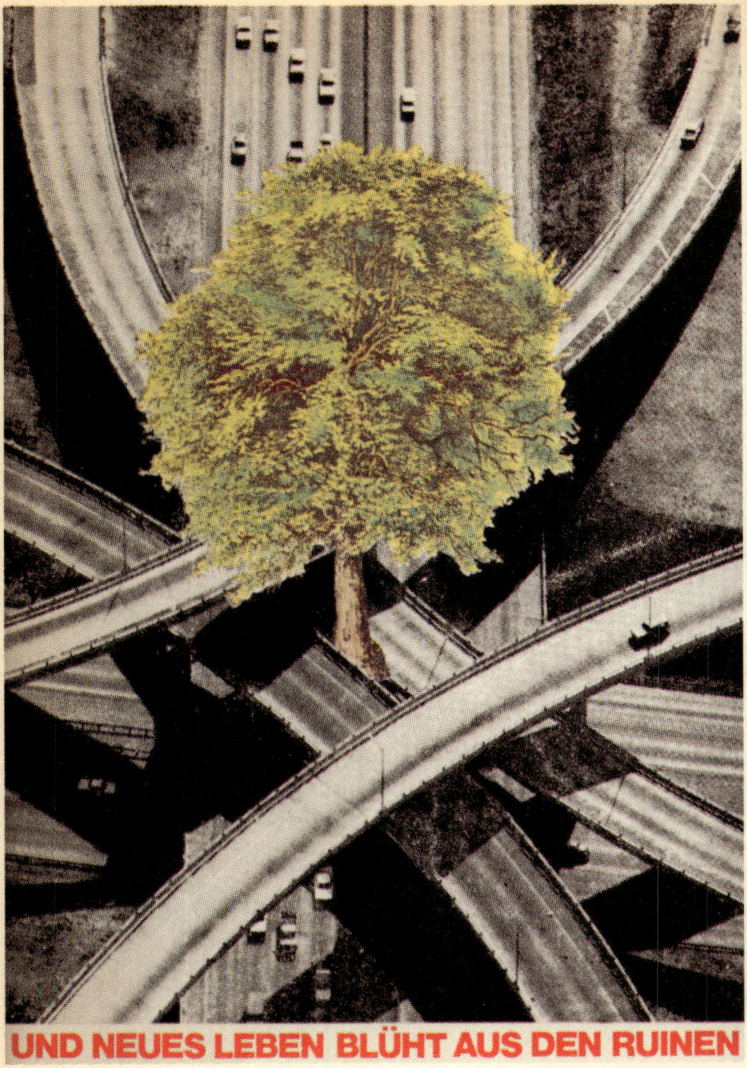

Und neues Leben blüht aus den Ruinen (1979)

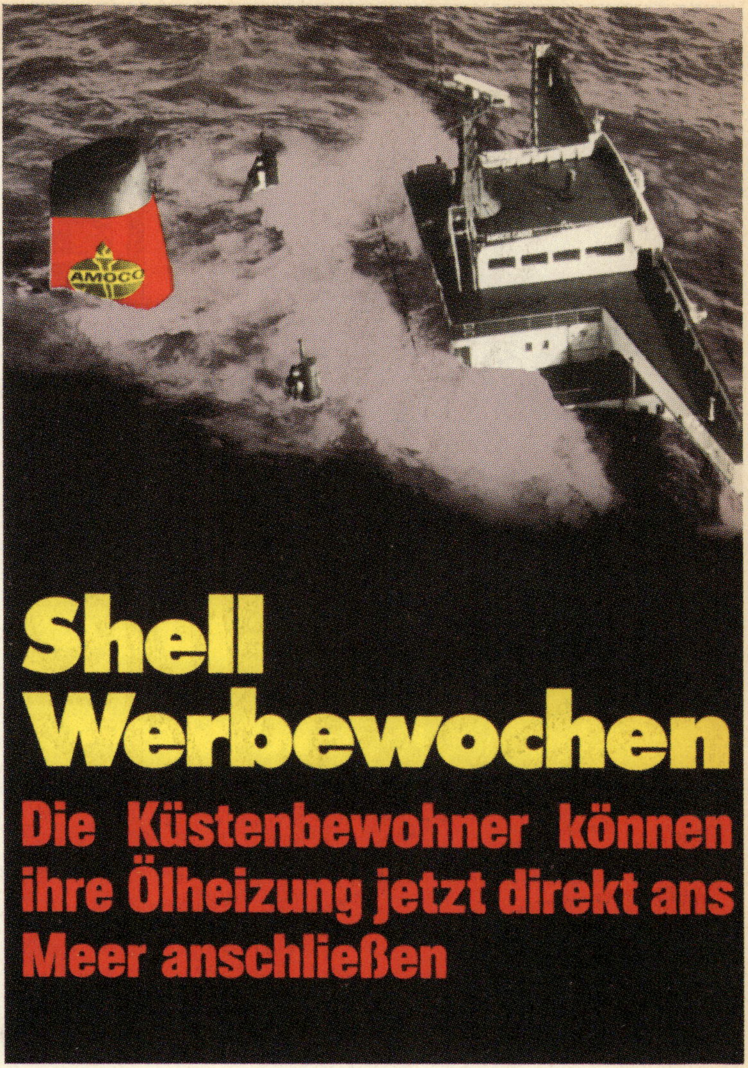
AMOCO
Shell
Werbewochen
Die Küstenbewohner können ihre Ölheizung jetzt direkt ans Meer anschließen

Ölpest (1978)

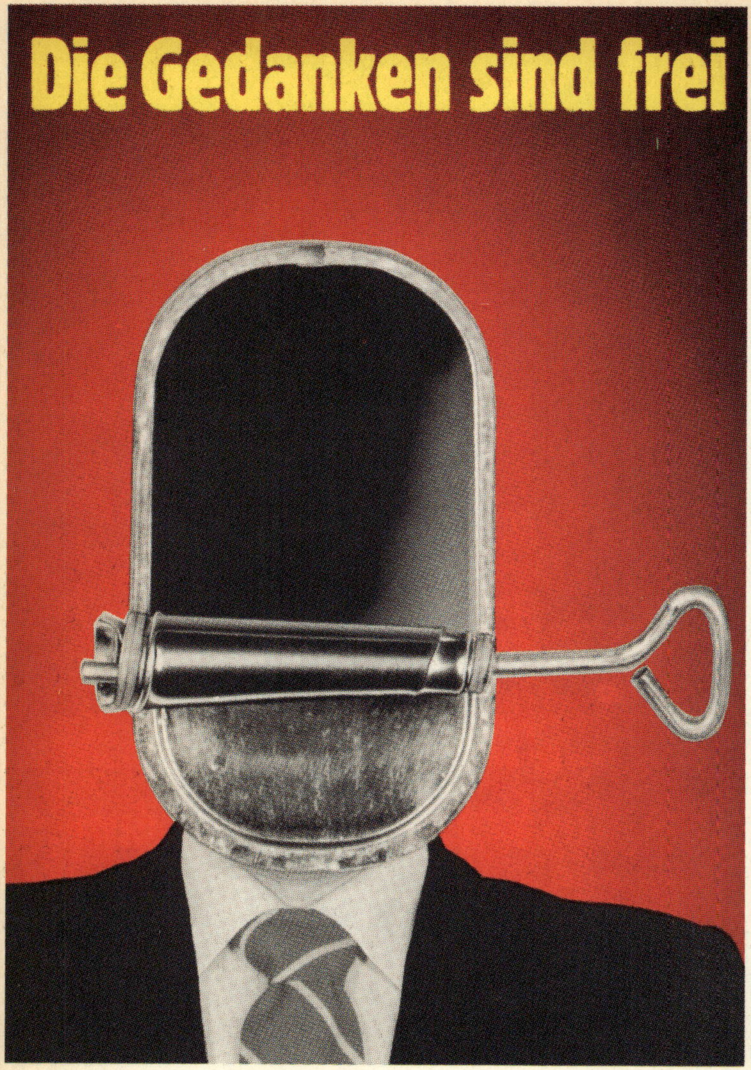

Die Gedanken sind frei (1979)

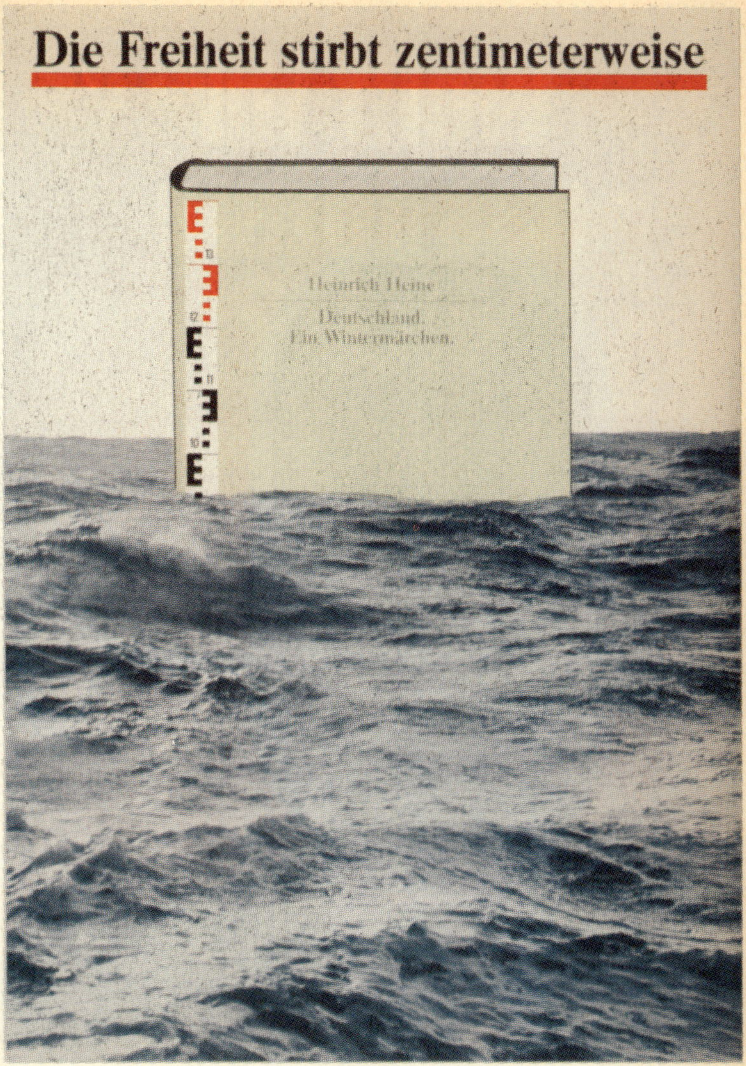

Die Freiheit stirbt zentimeterweise (1979)

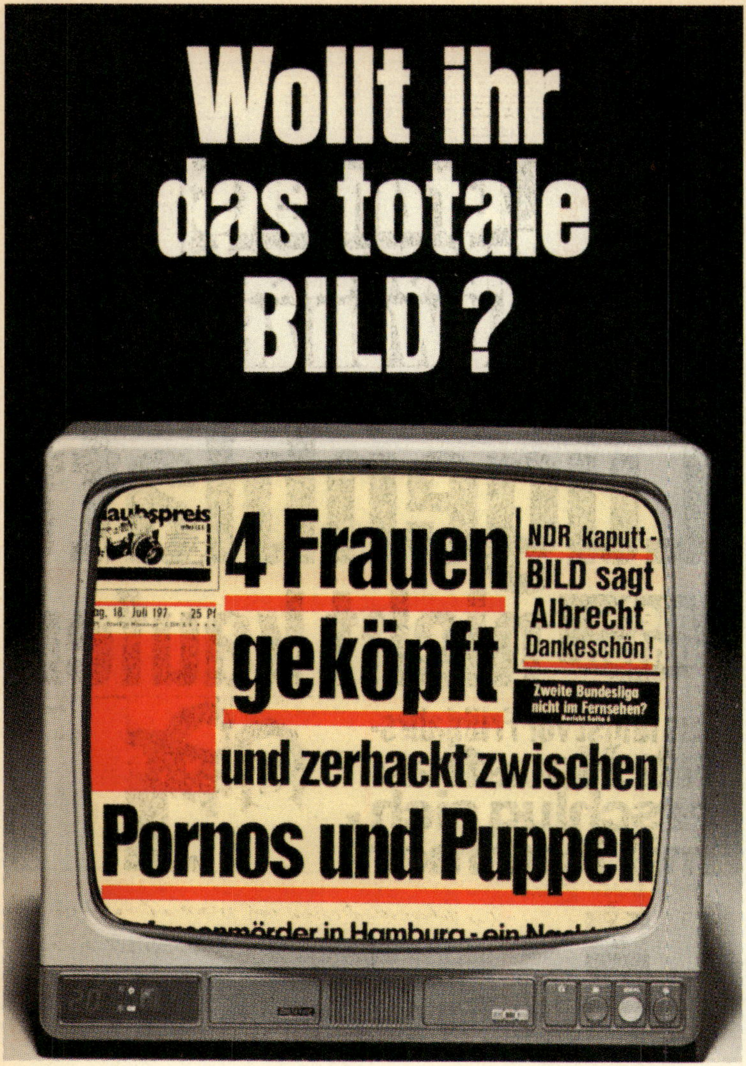

Wollt ihr das totale Bild? (1980)

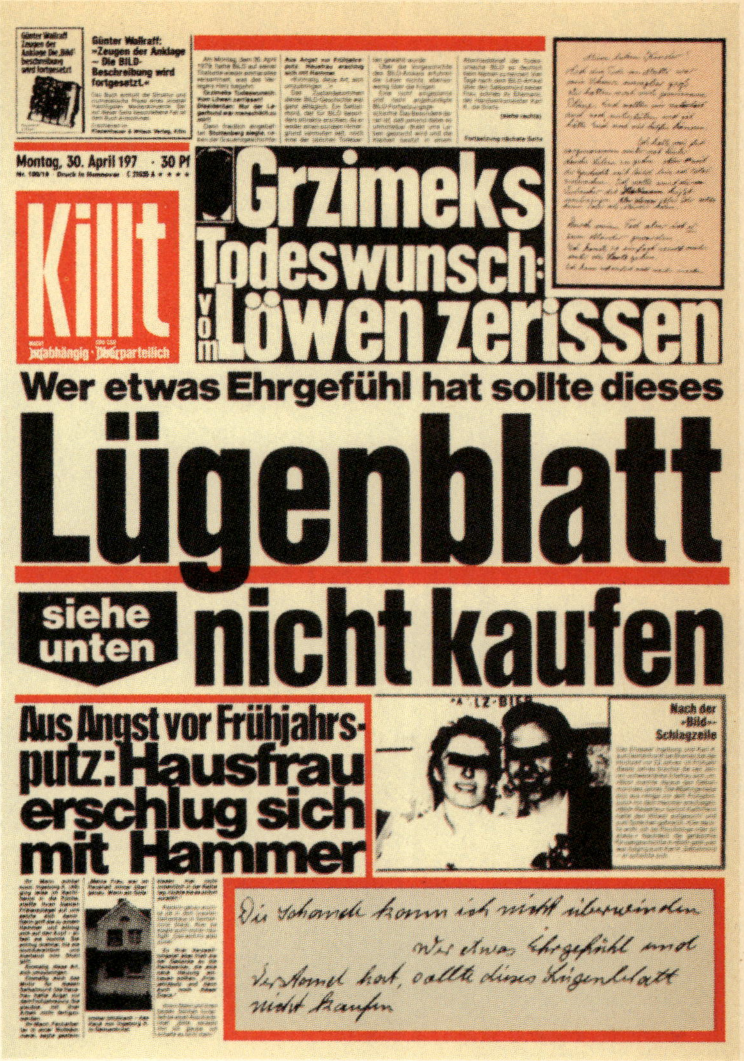

Lügenblatt (1980)

Im Mittelpunkt steht immer der Mensch (1981)

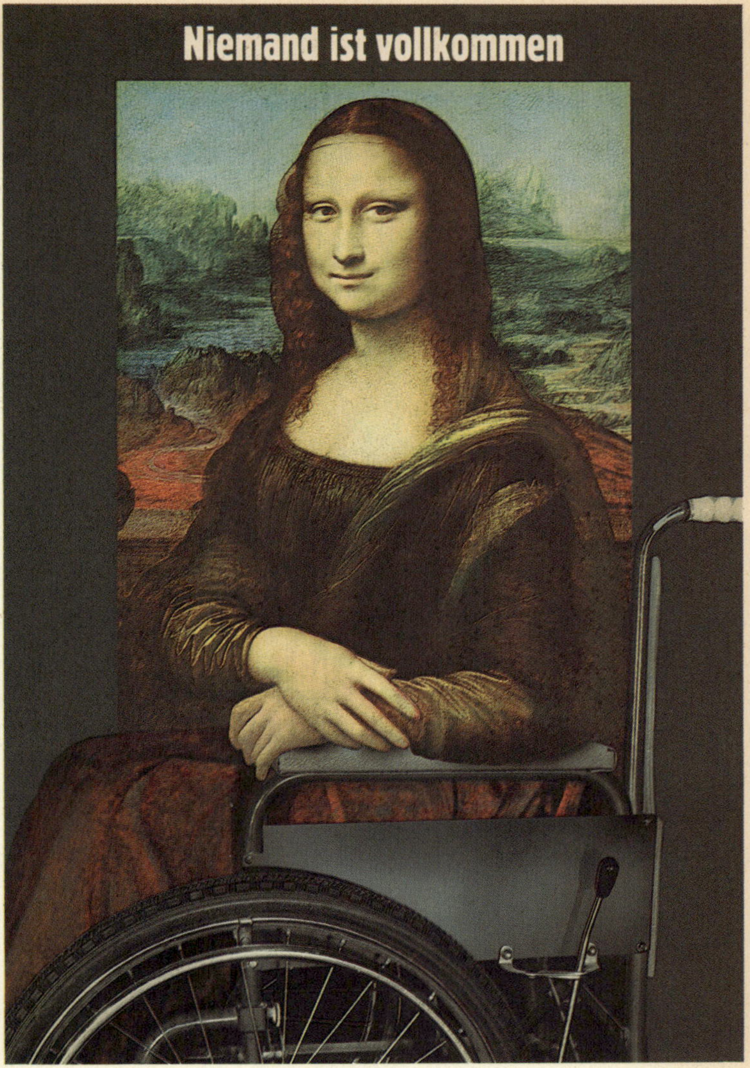

Mona Lisa (1981)

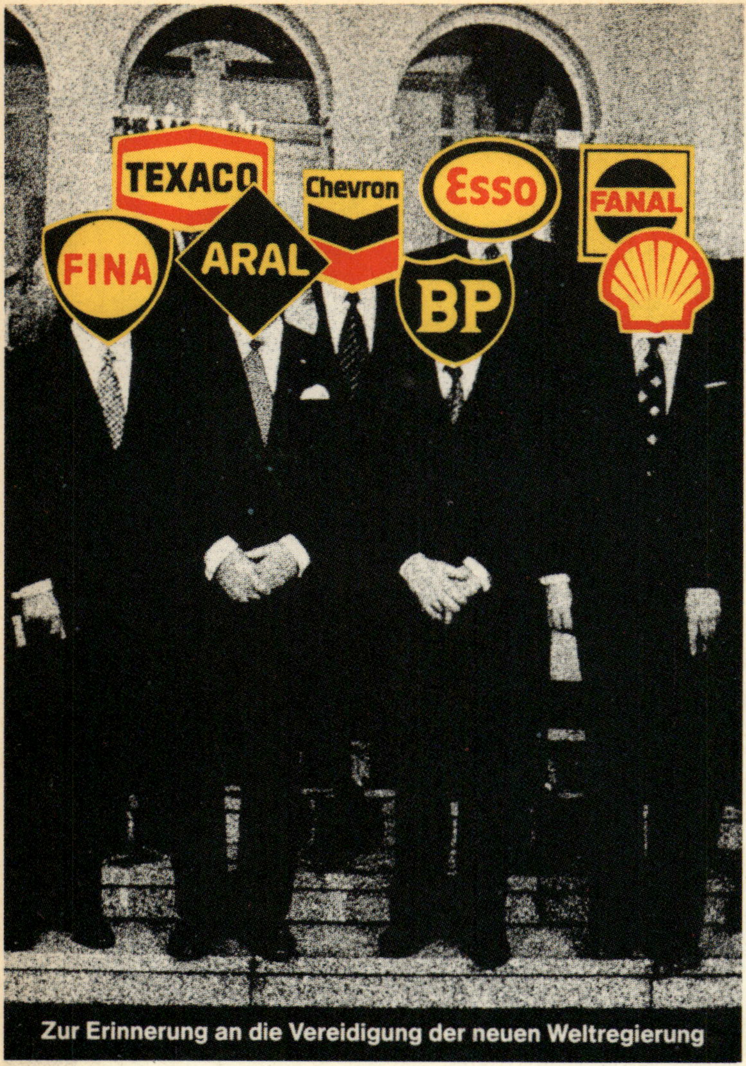

Weltregierung (1981)

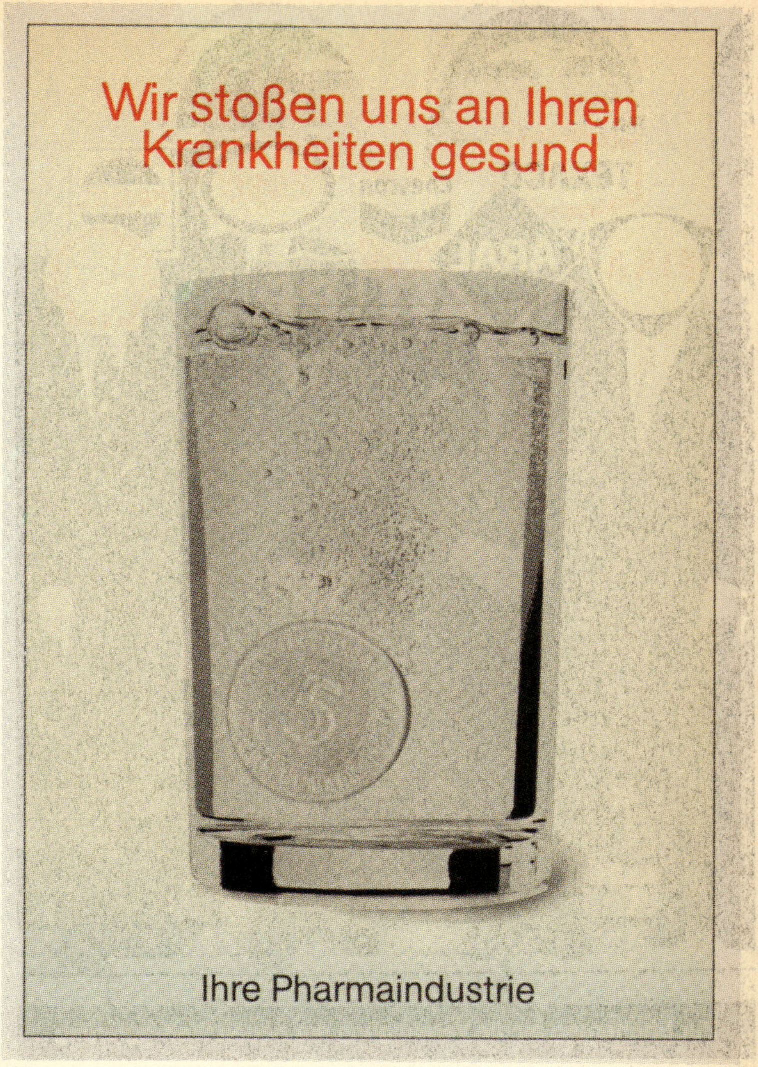

Wir stoßen uns an Ihren Krankheiten gesund (1981)

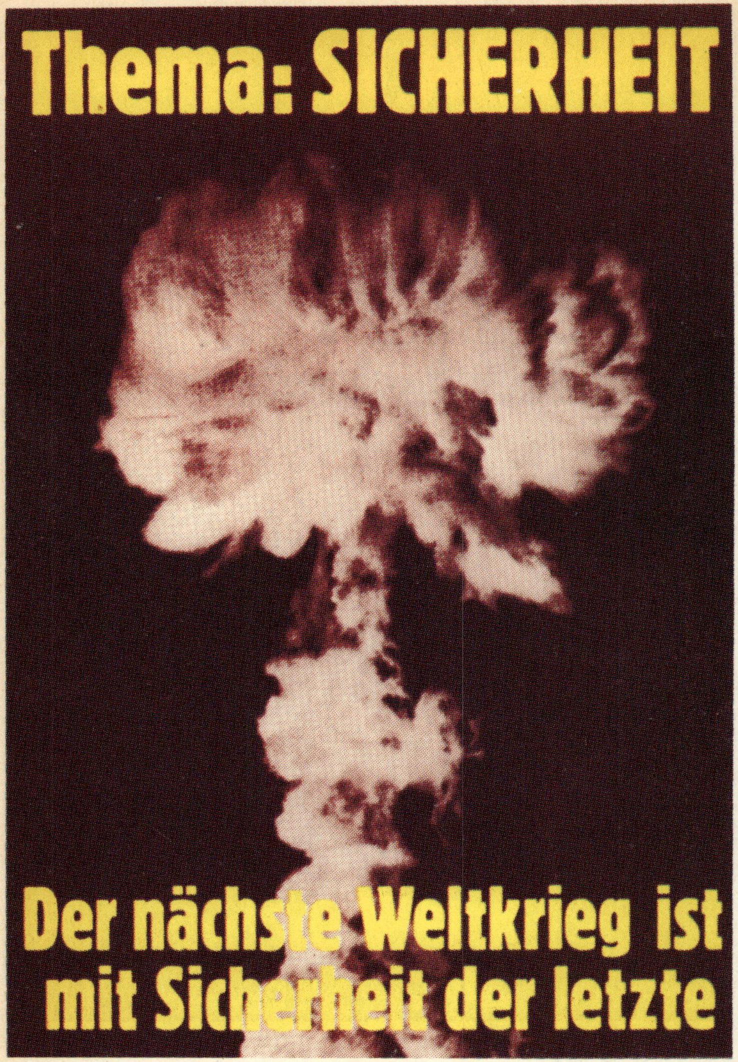

Thema: Sicherheit (1981)

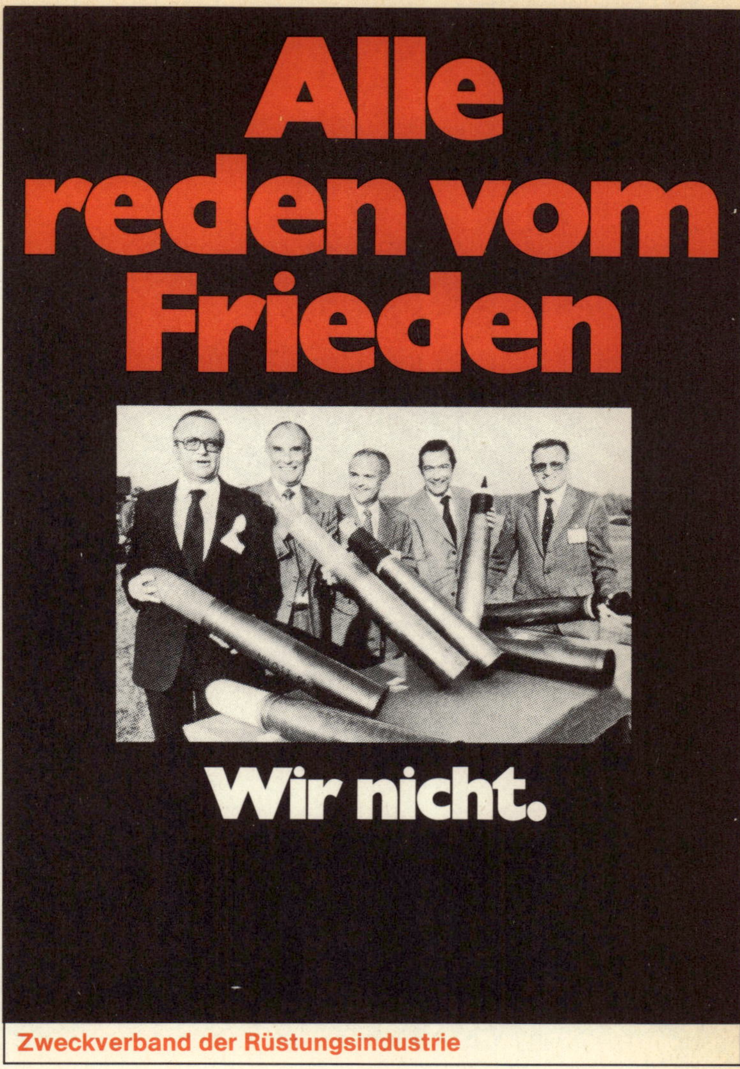

Alle reden vom Frieden (1981)

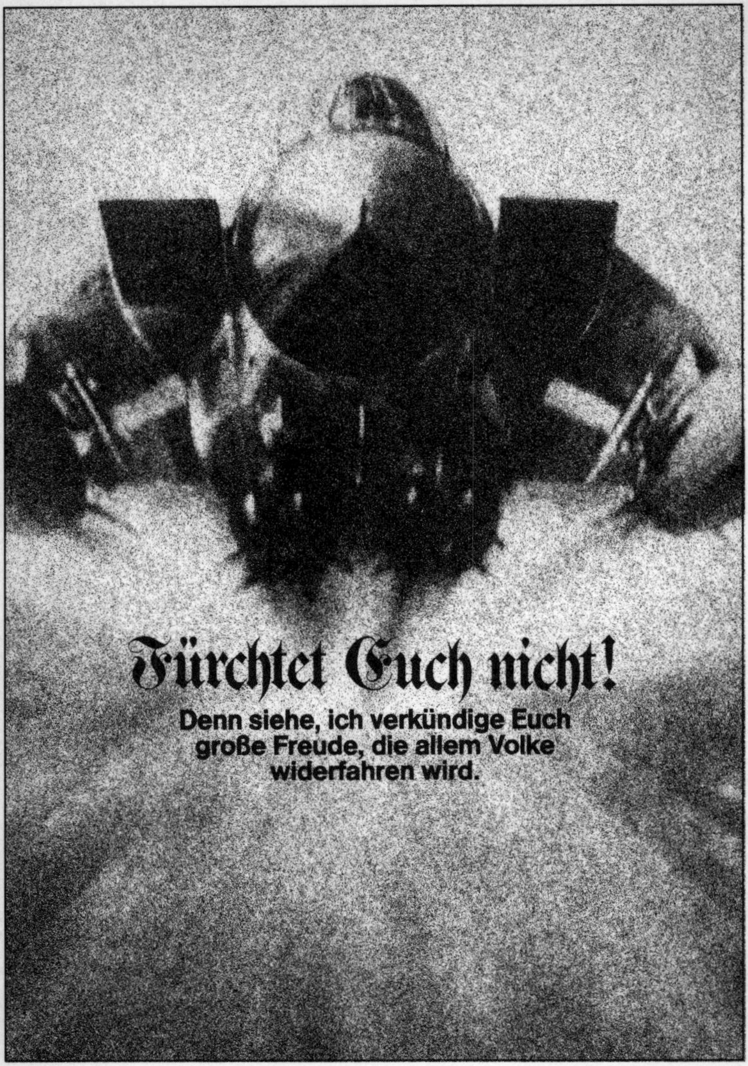

Fürchtet Euch nicht! (1981)

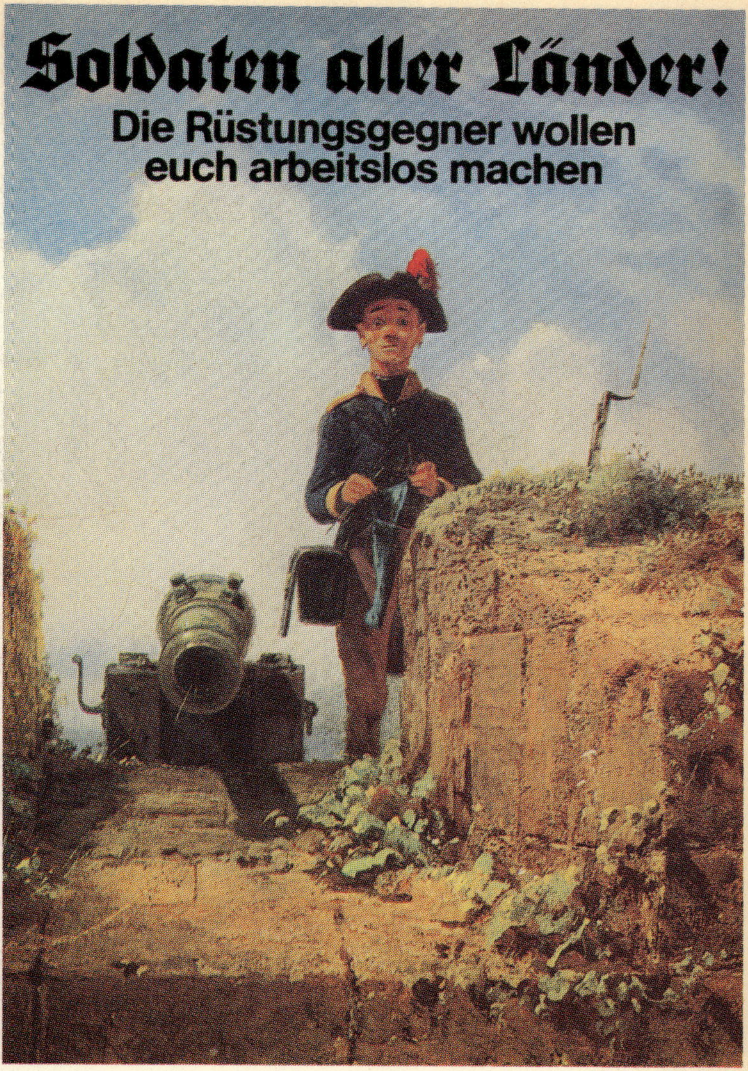

Der strickende Vorposten (1981)

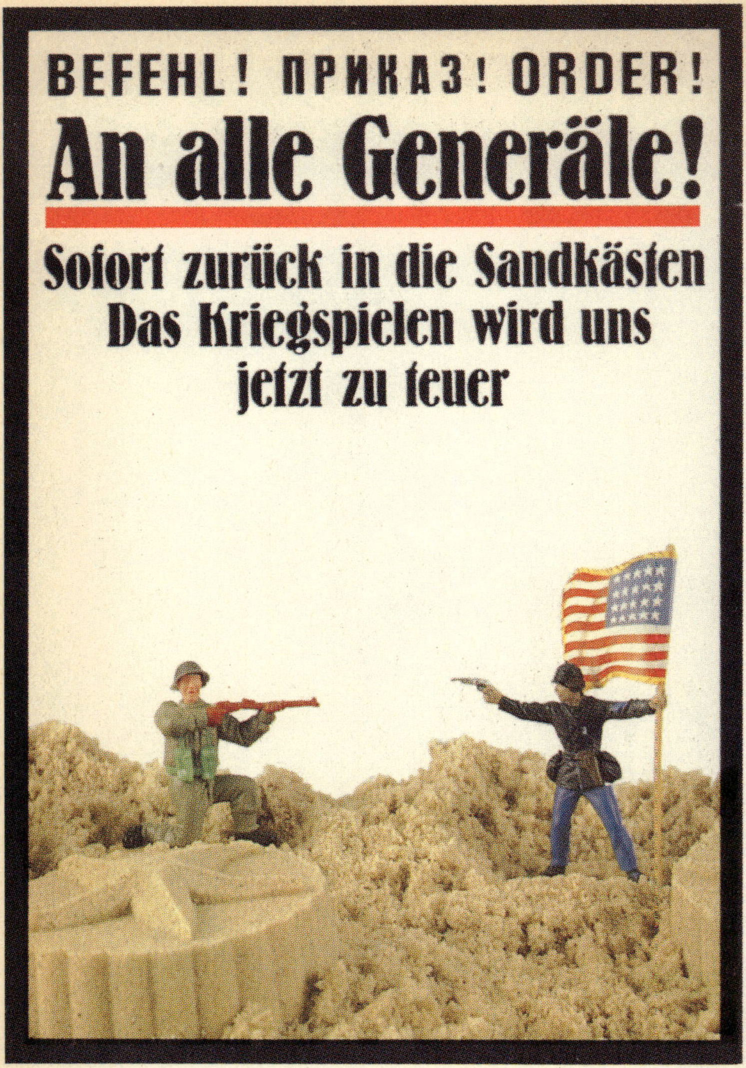

An alle Generäle (1981)

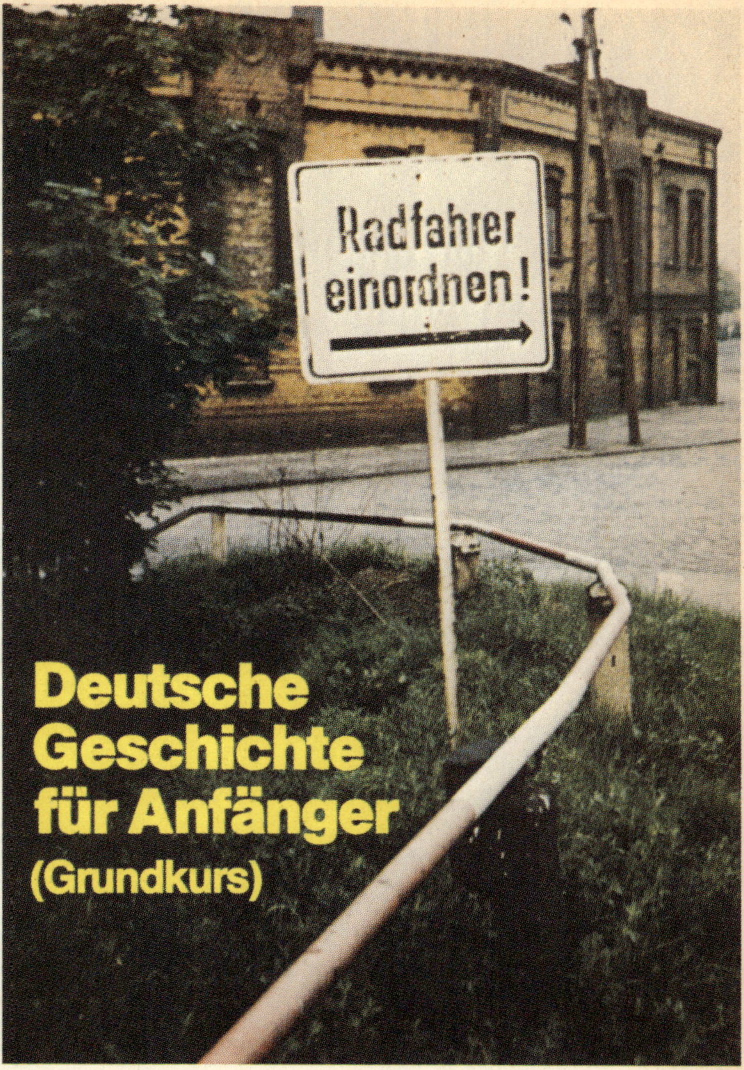

Deutsche Geschichte (1982)

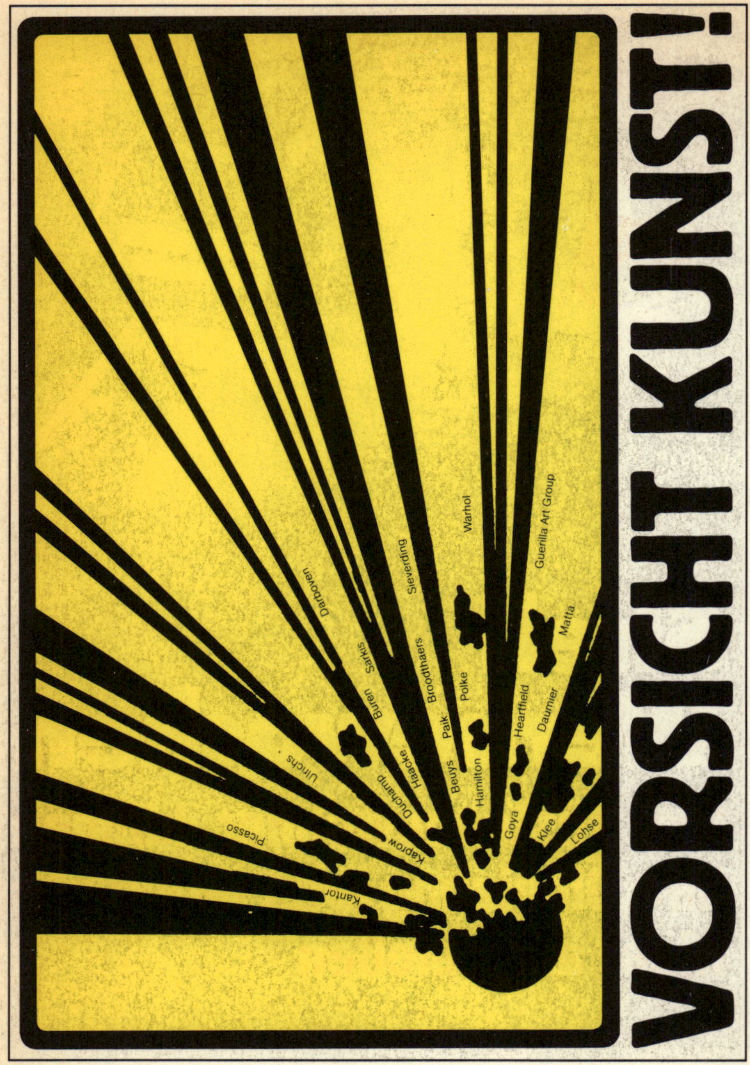

Vorsicht Kunst! (1982)

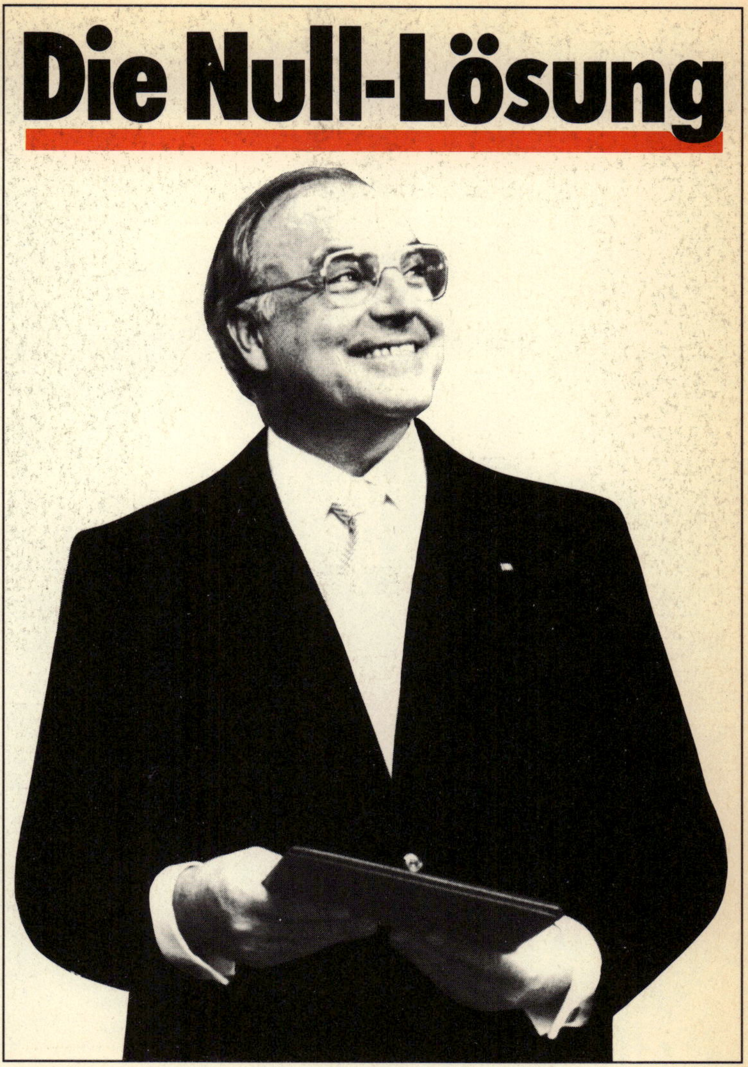

Die Null-Lösung (1983)

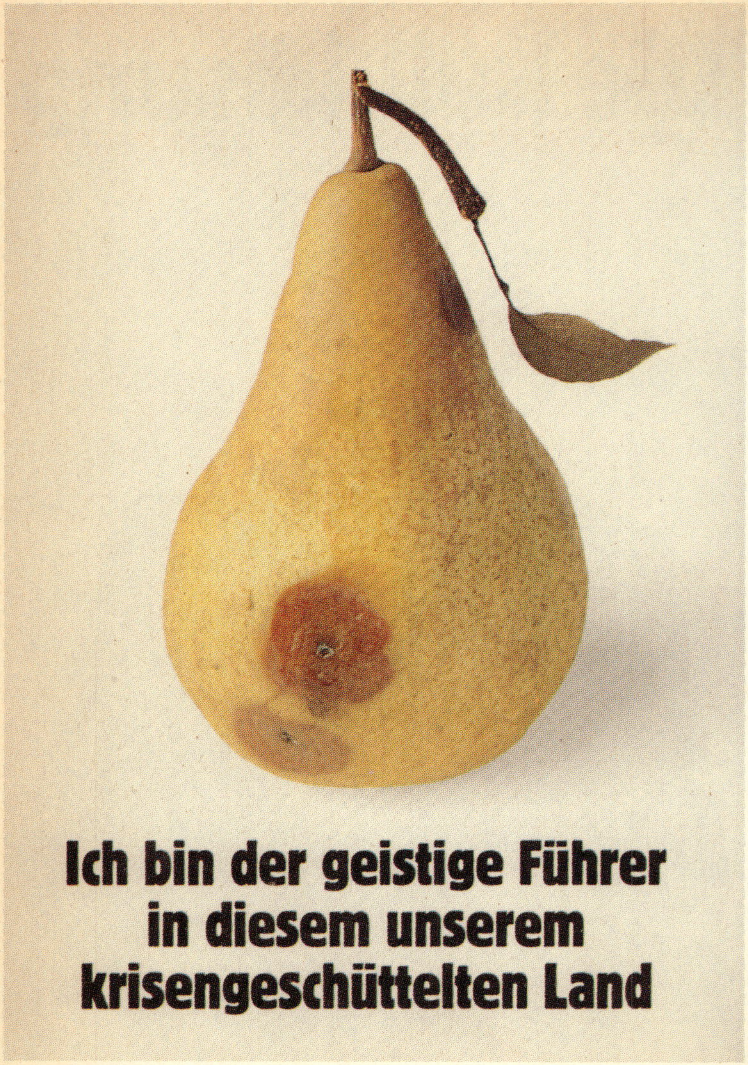

Der geistige Führer (1982)

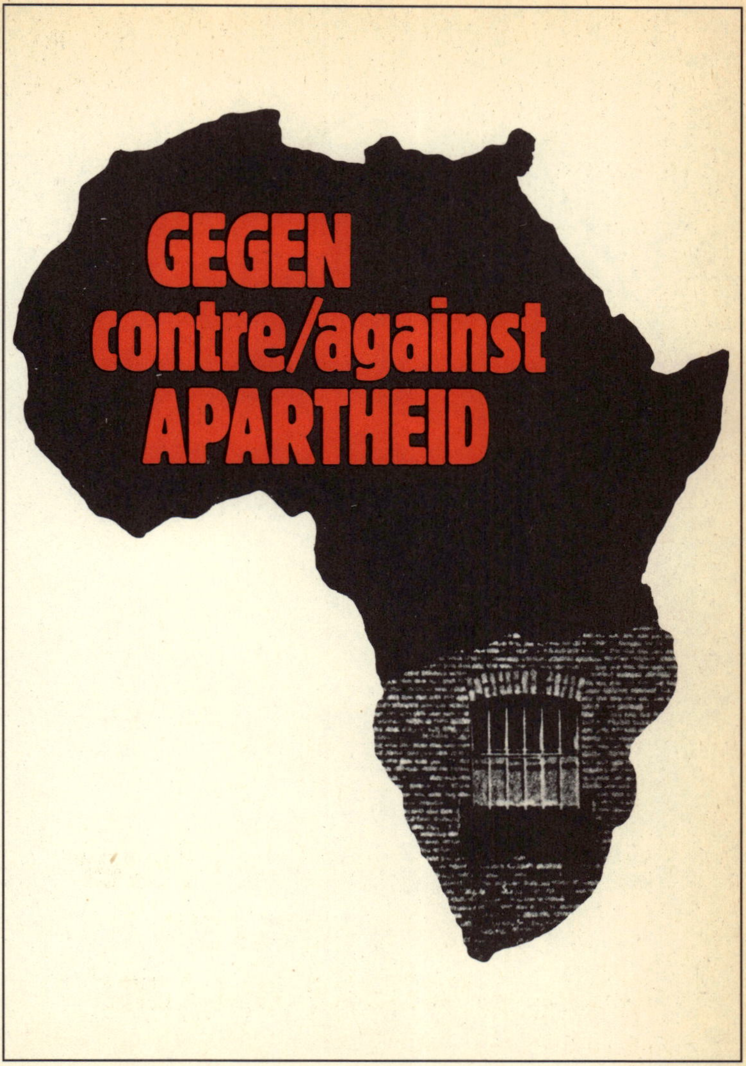

Gegen Apartheid (1983)

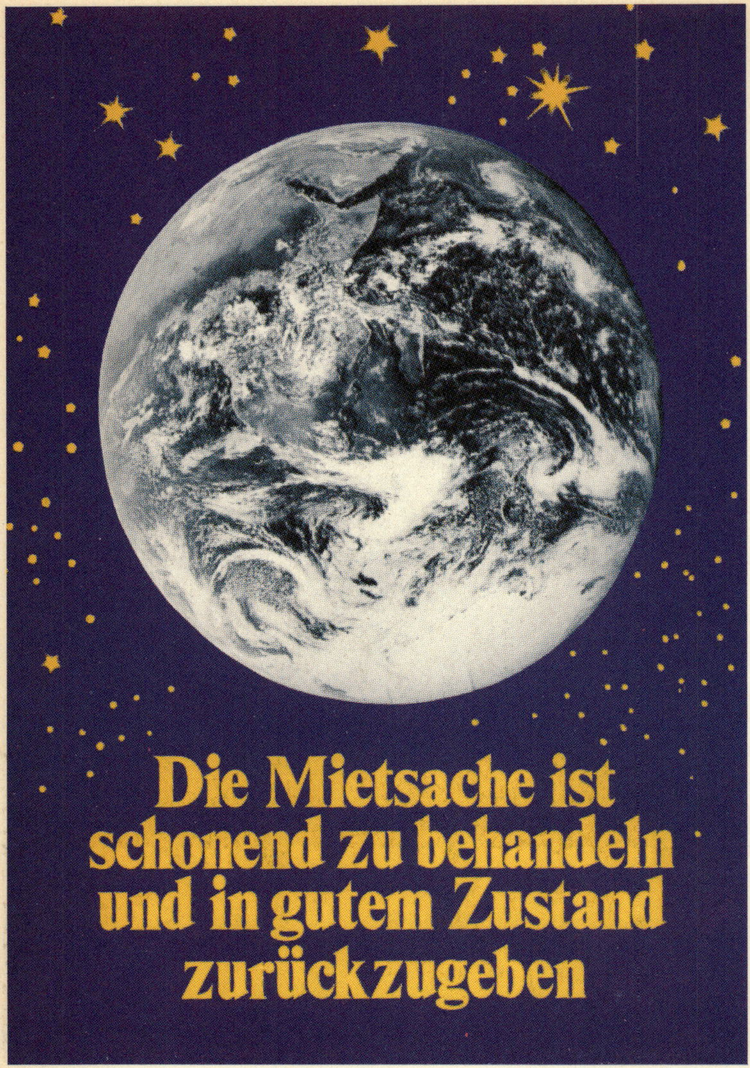

Mietsache (1983)

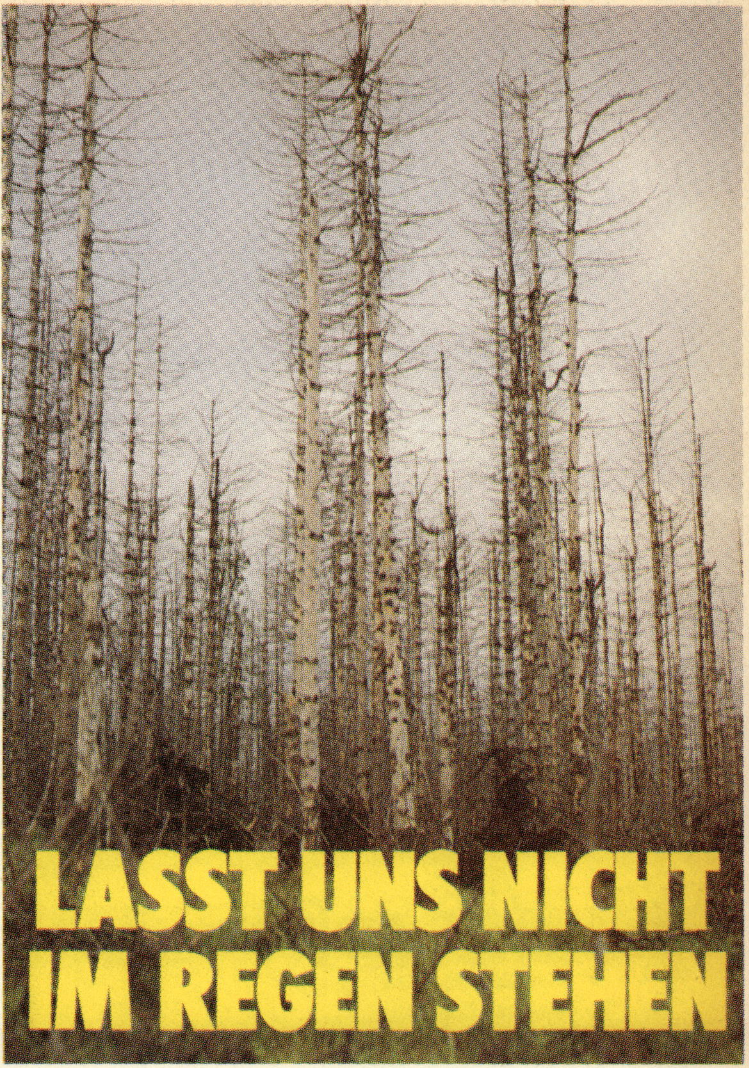

Saurer Regen (1983)

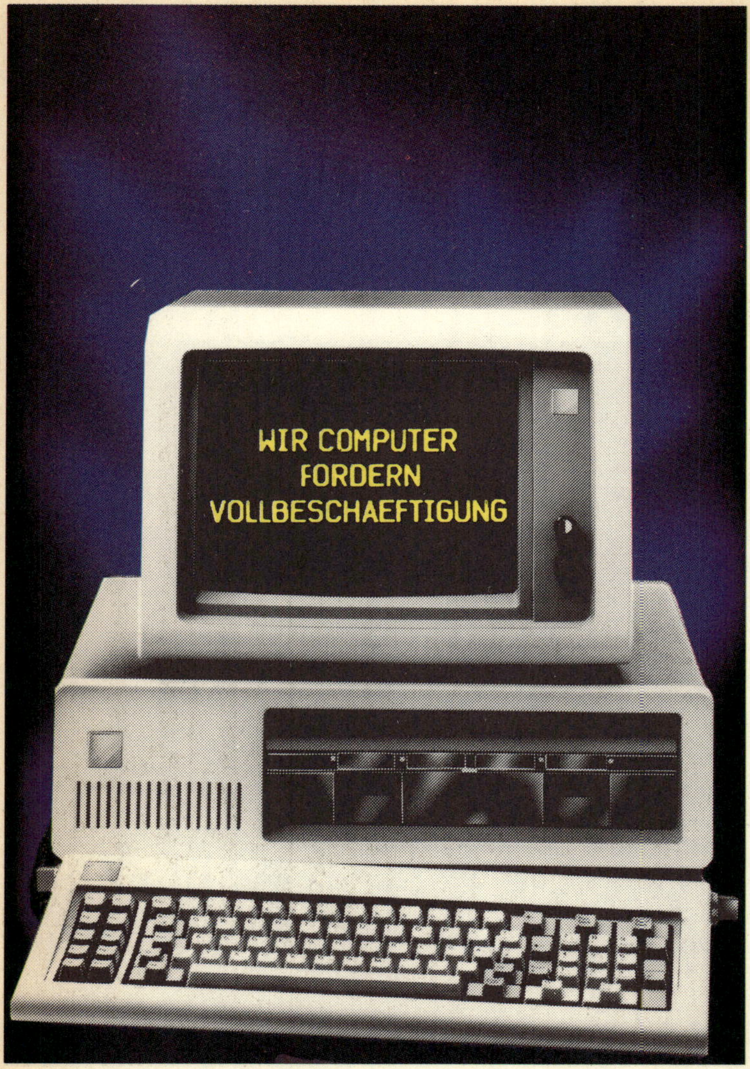

Vollbeschäftigung (1983)

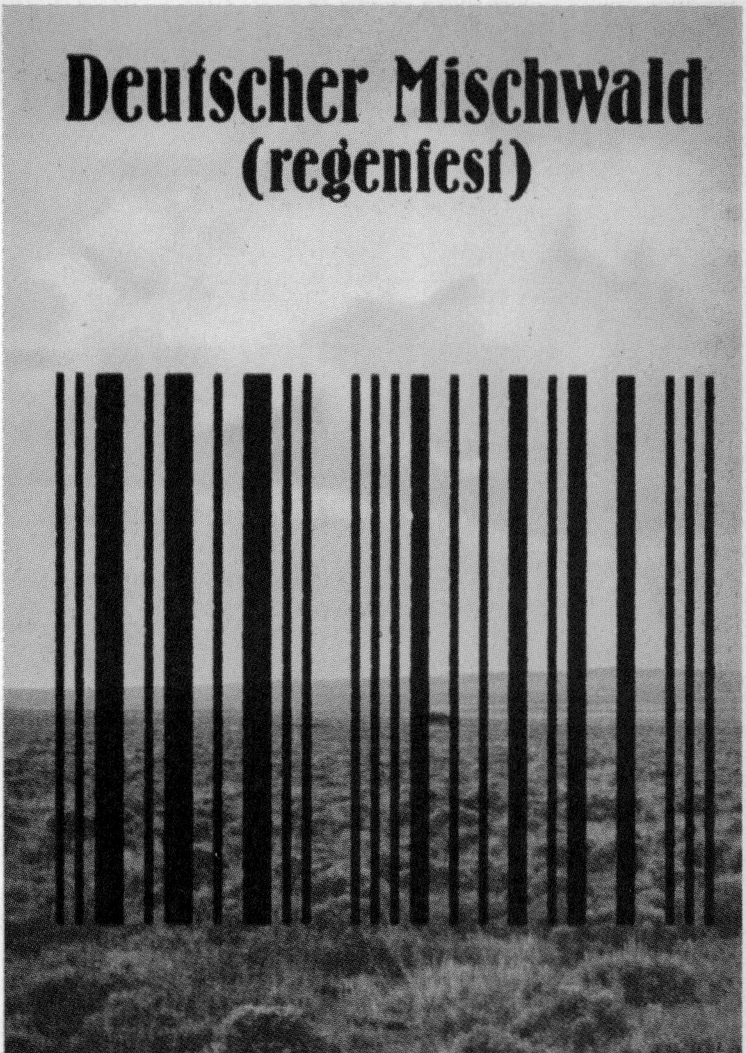

Deutscher Wald (1984)

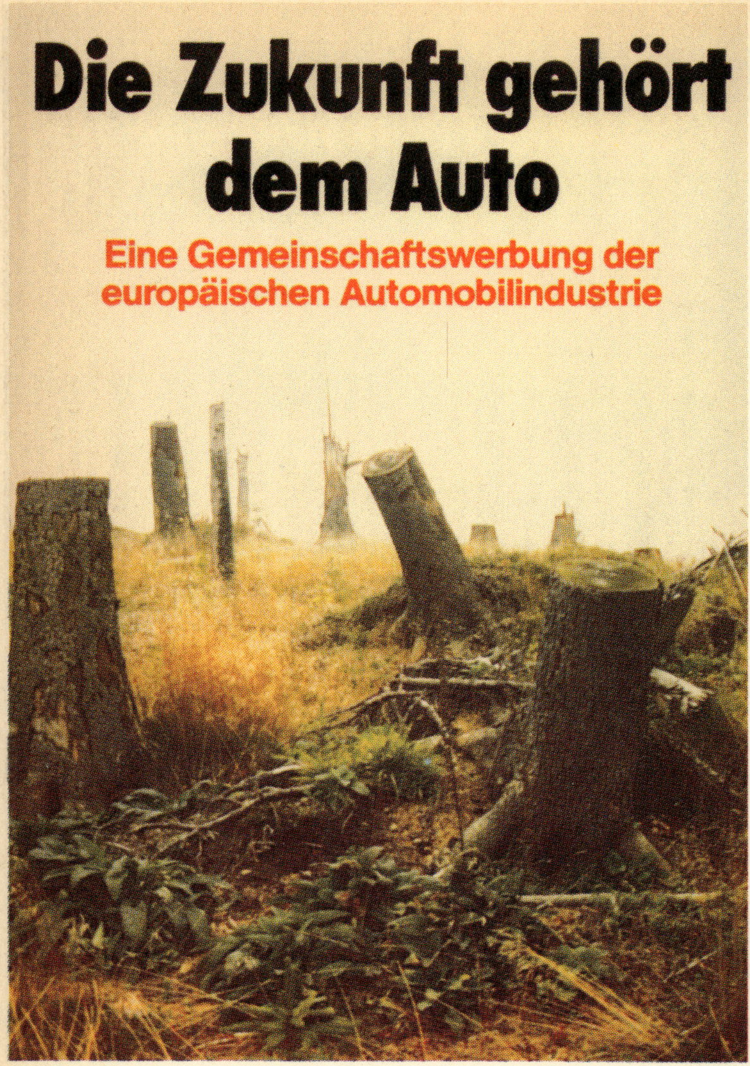

Die Zukunft gehört dem Auto (1984)

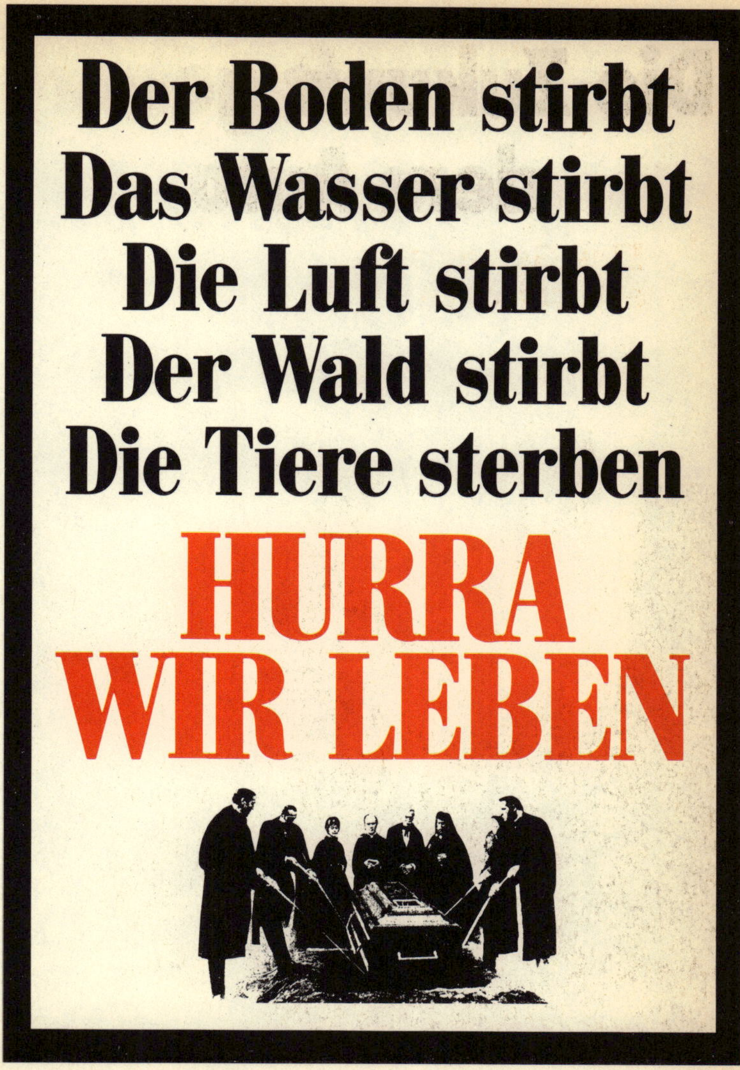

HURRA wir leben! (1984)

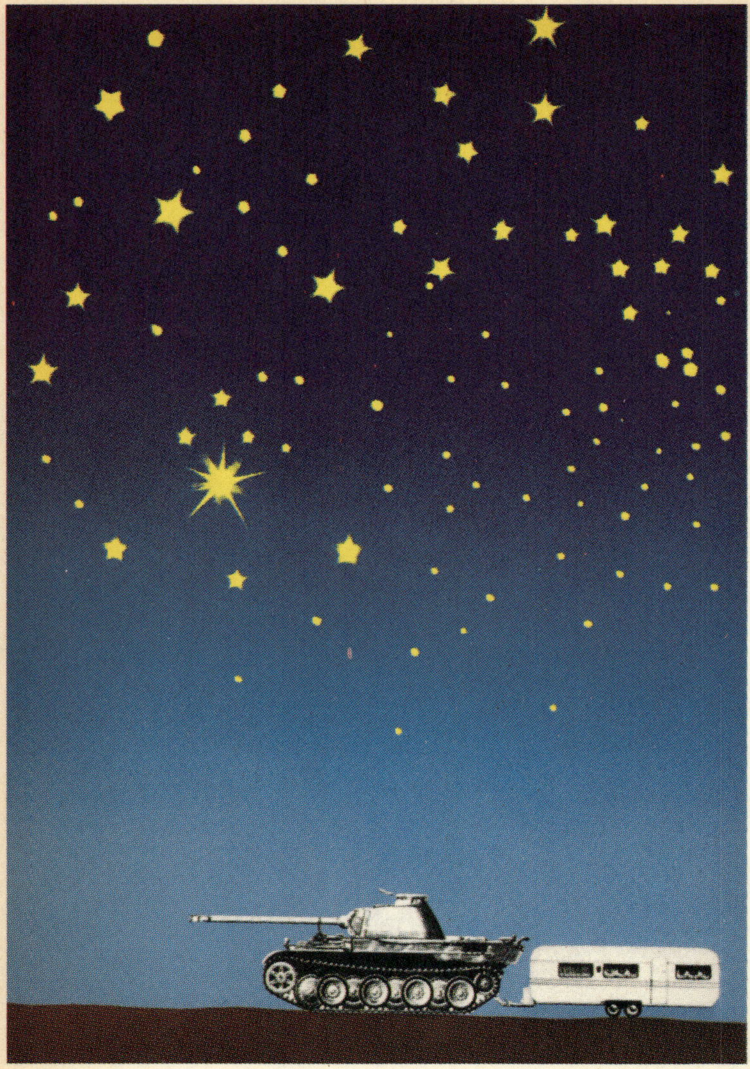

Camping (1985)

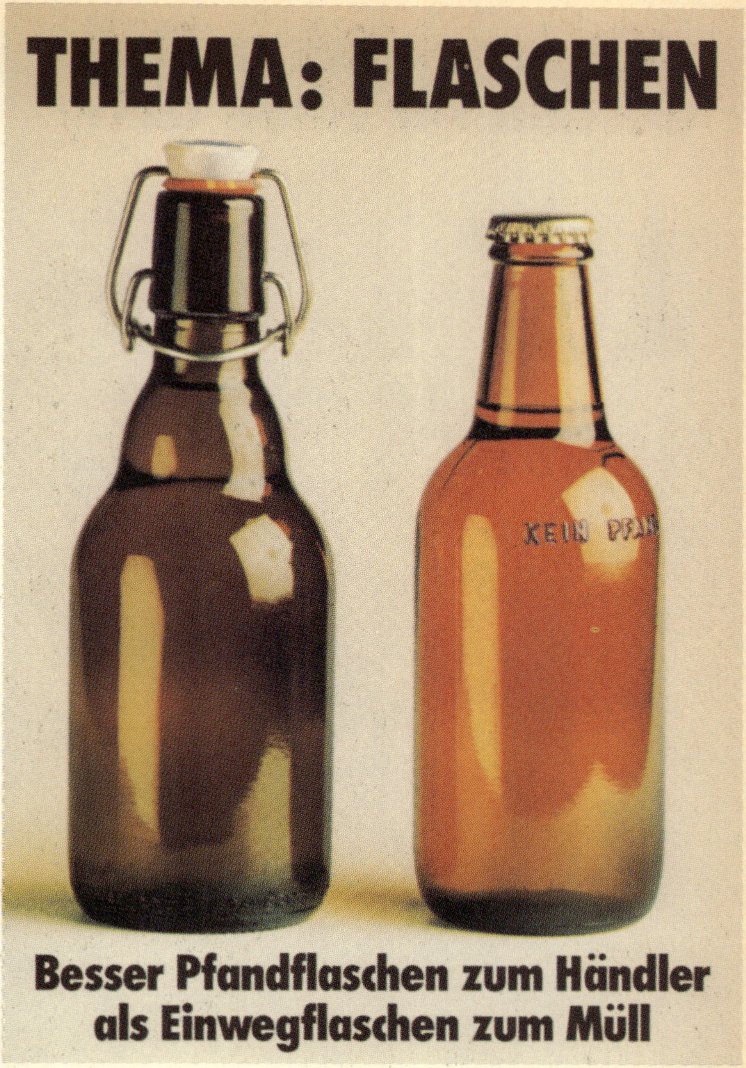

Thema: Flaschen (1984)

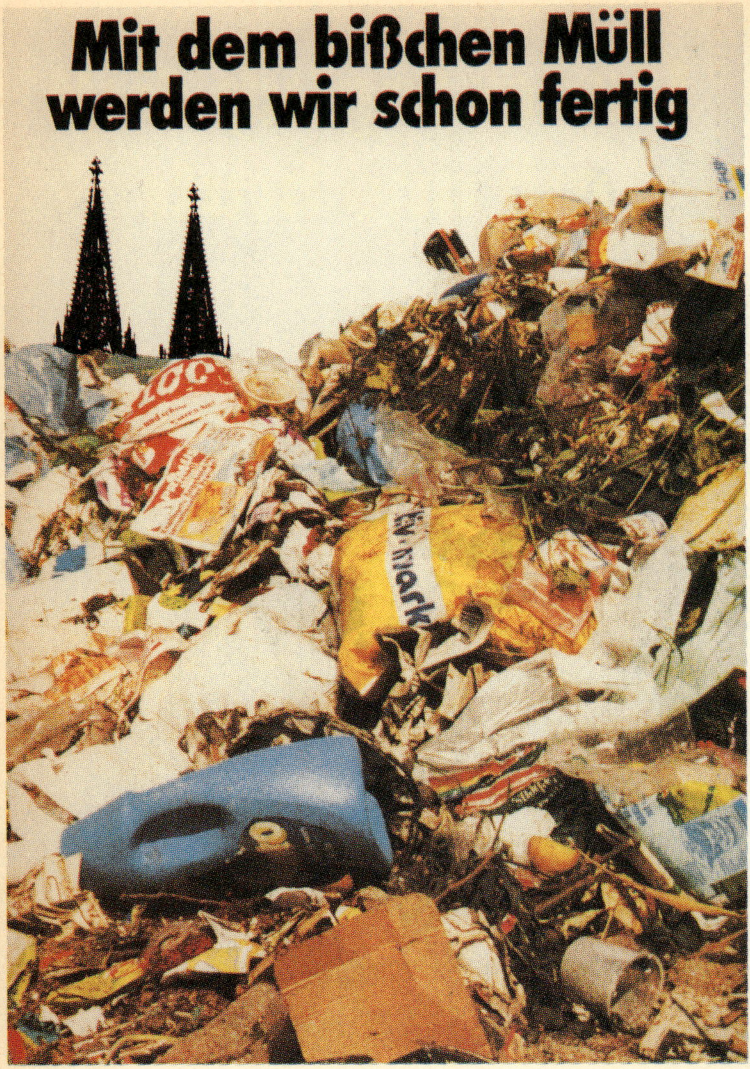

Mit dem bißchen Müll (1985)

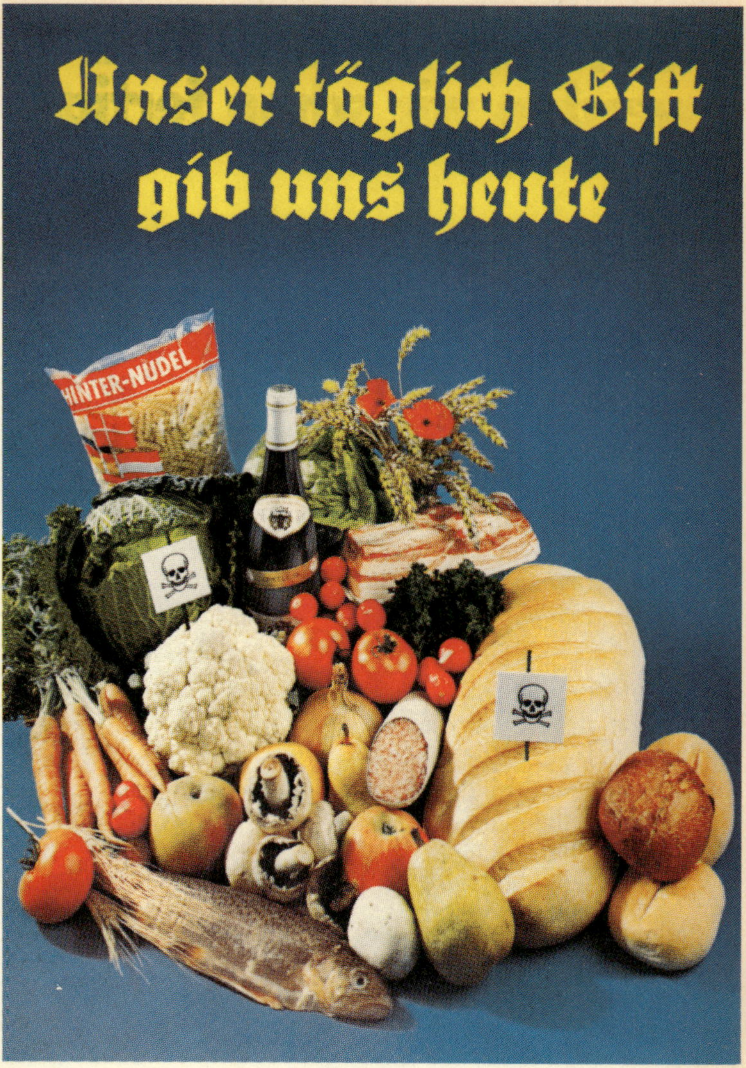

Unser täglich Gift (1985)

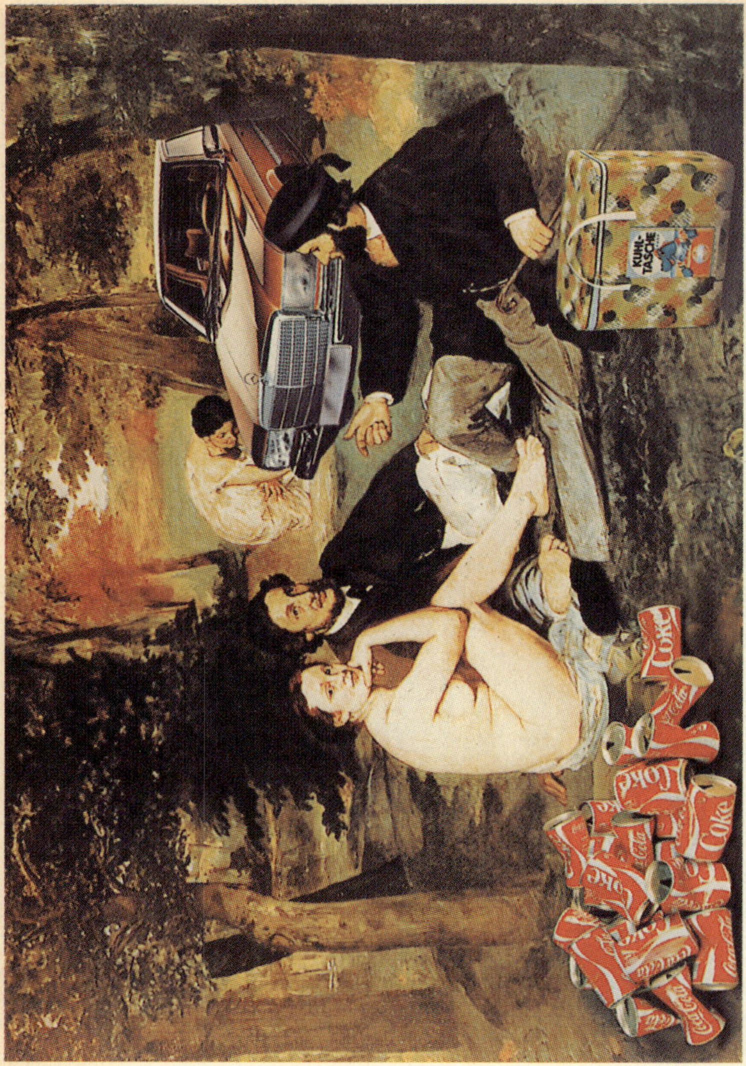

Zurück zur Natur (1985)

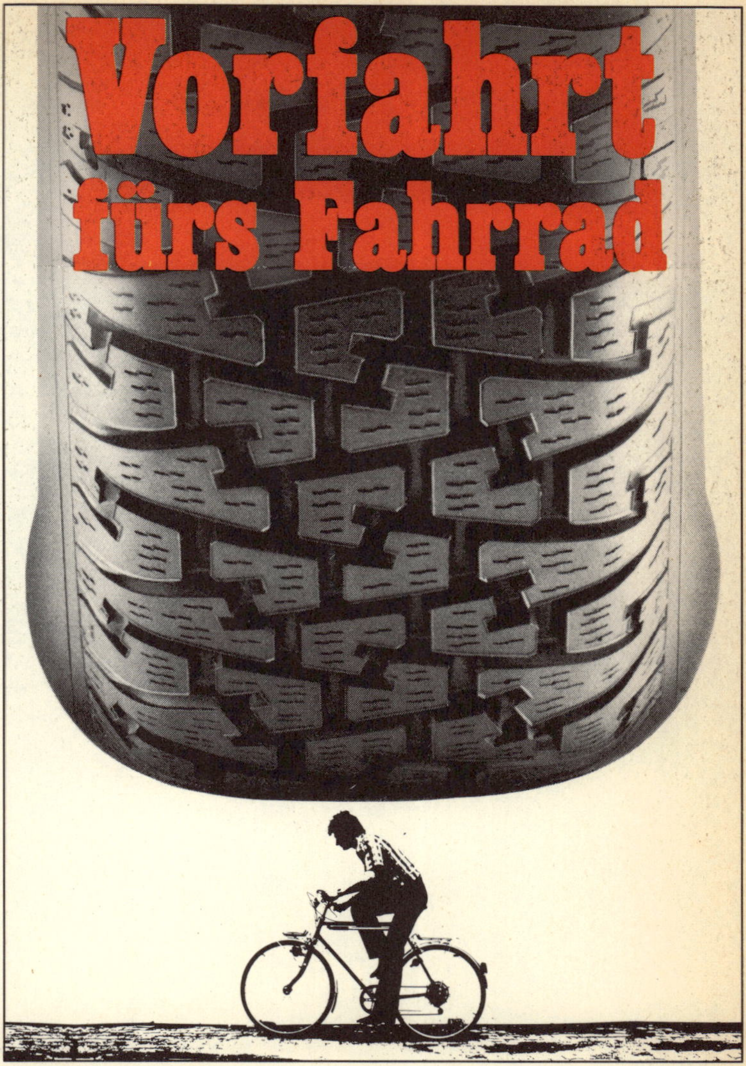

Vorfahrt fürs Fahrrad (1985)

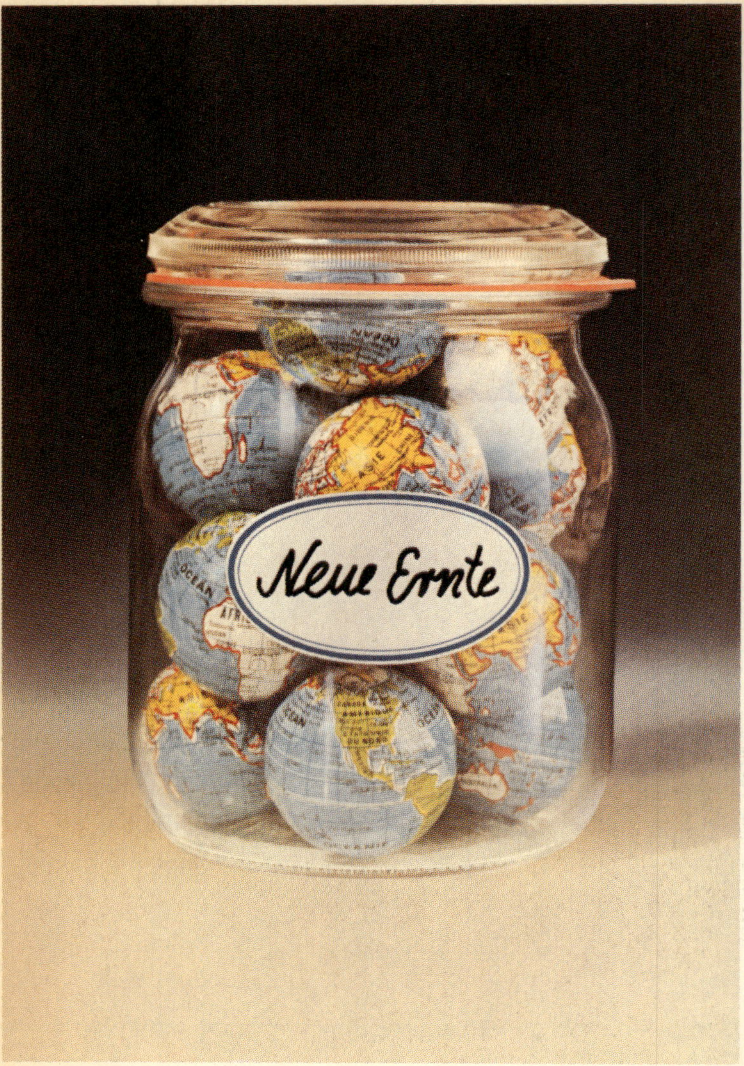

Neue Ernte (1986)

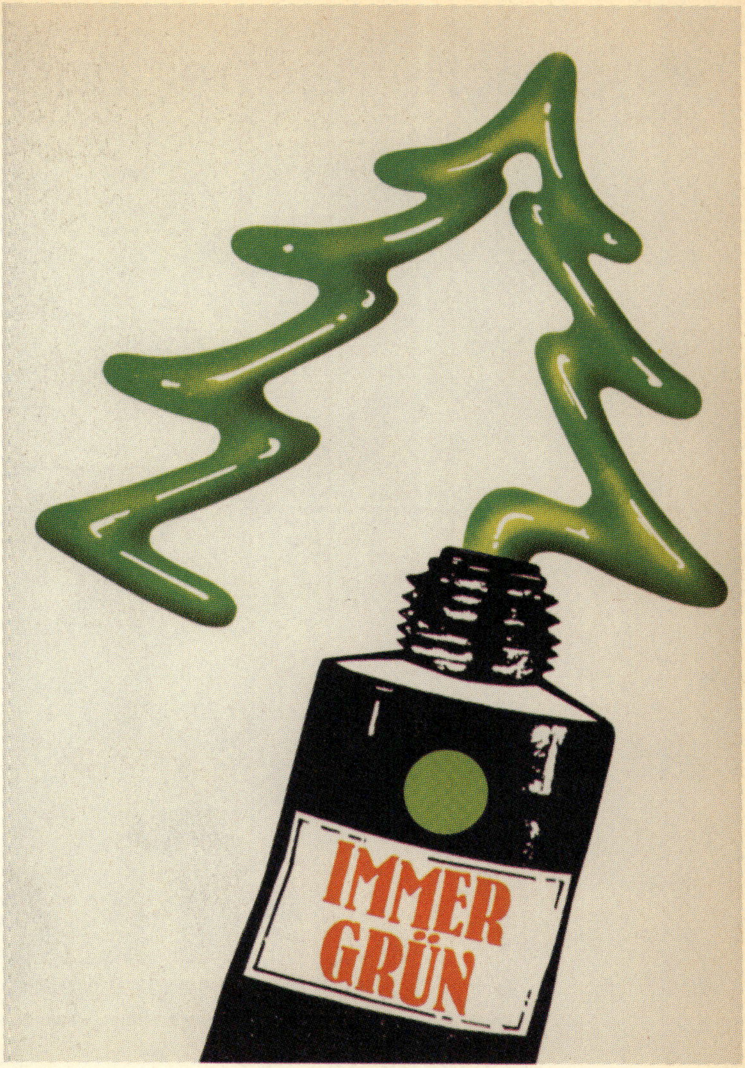

Immergrün (1985)

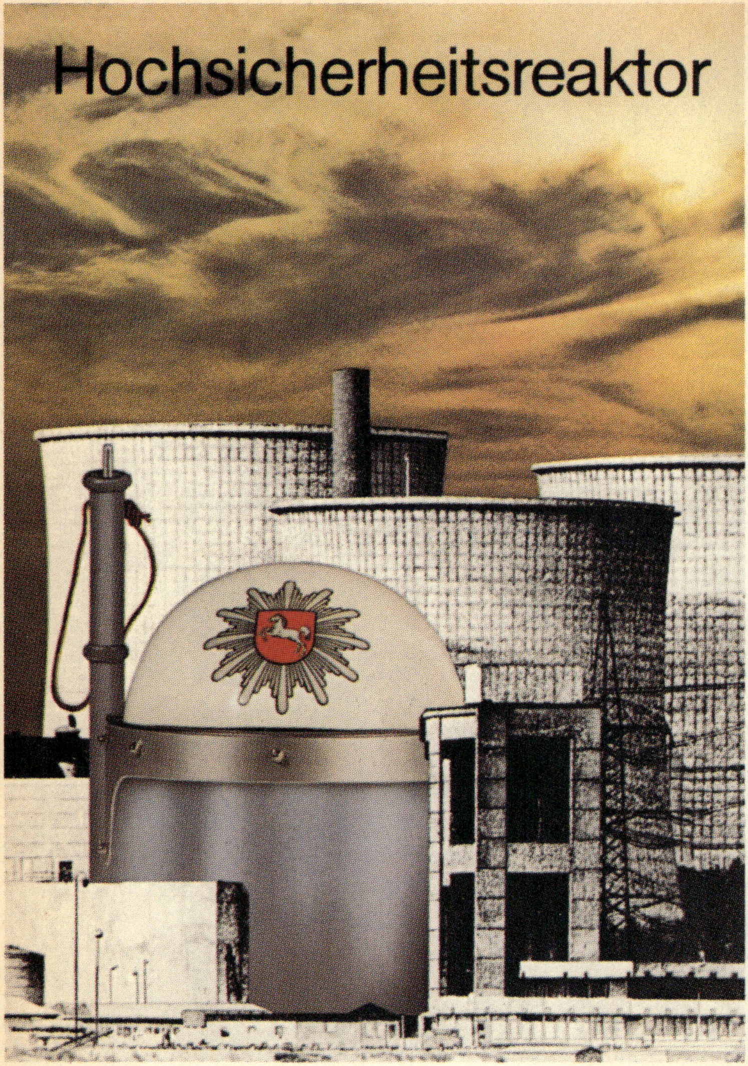

Hochsicherheitsreaktor (1986)

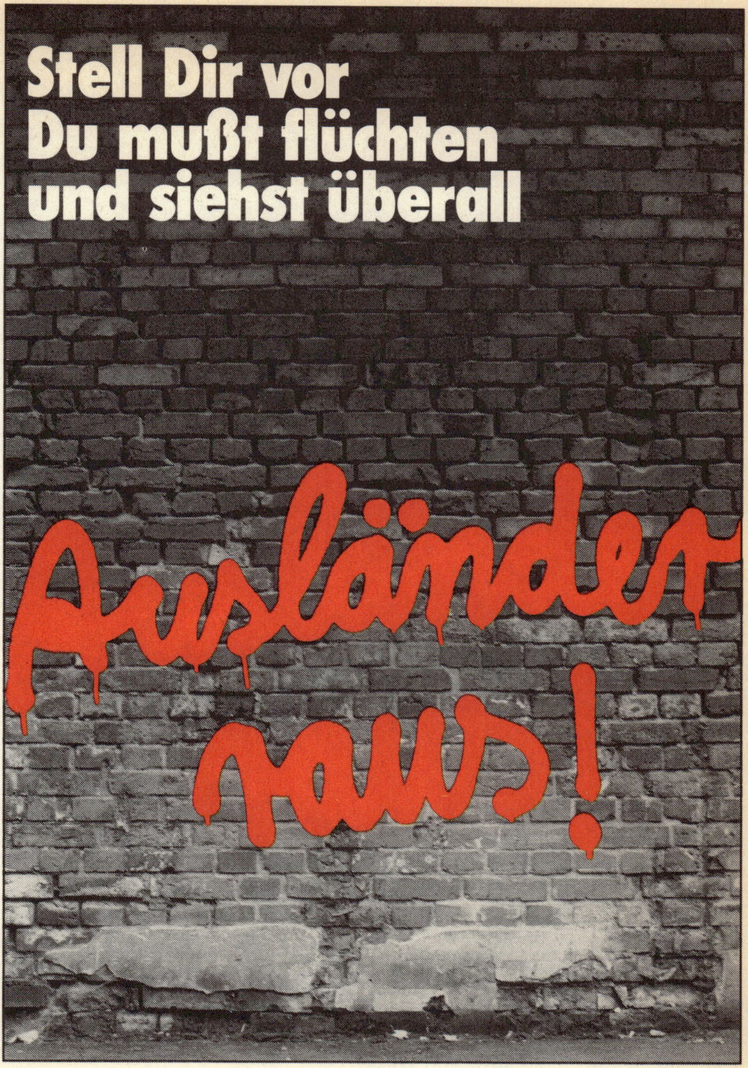

Stell Dir vor, Du mußt flüchten (1986

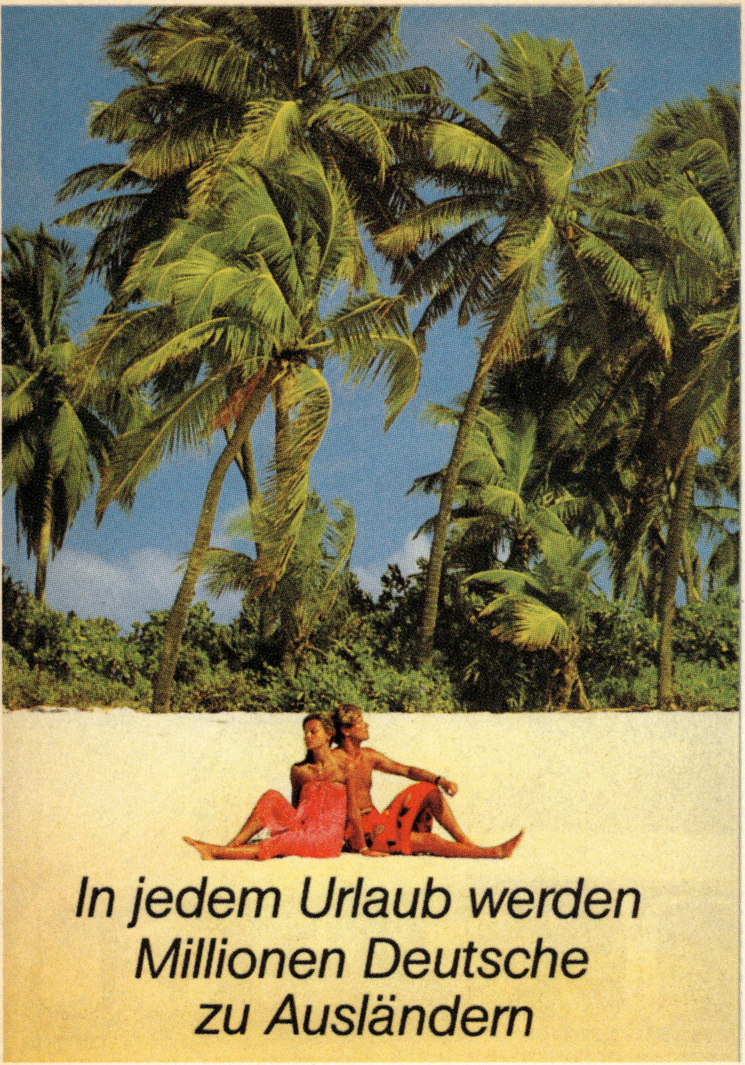

Urlaub (1987)

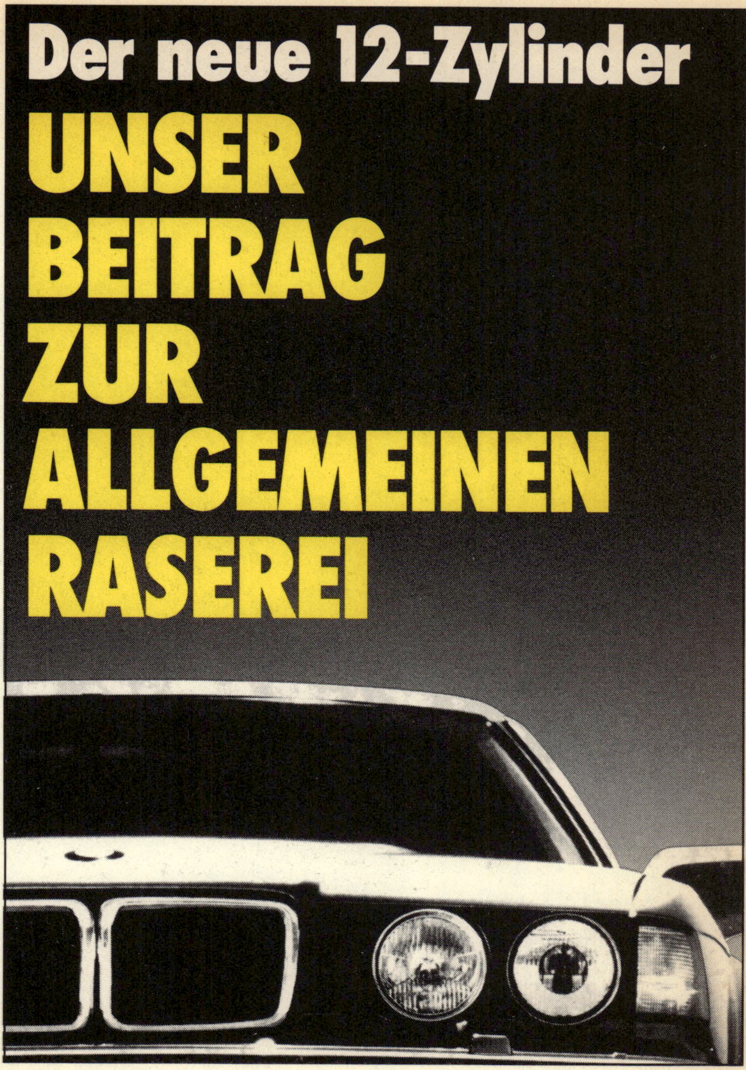

Allgemeine Raserei (1987)

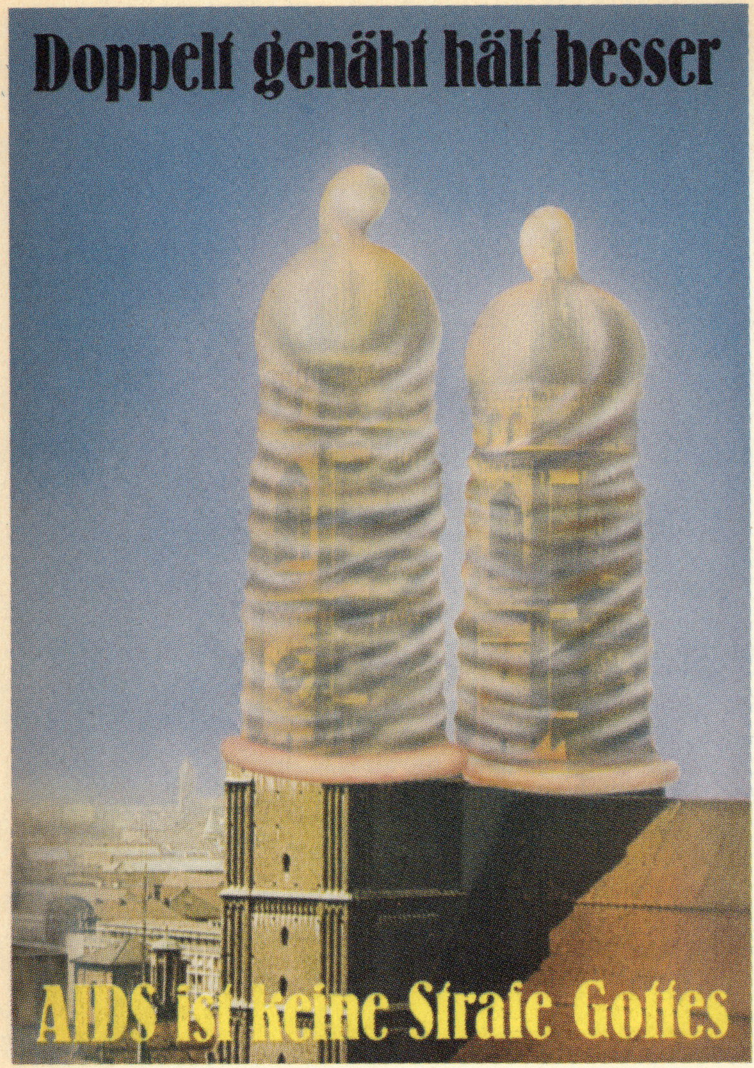

Doppelt genäht hält besser (1987)

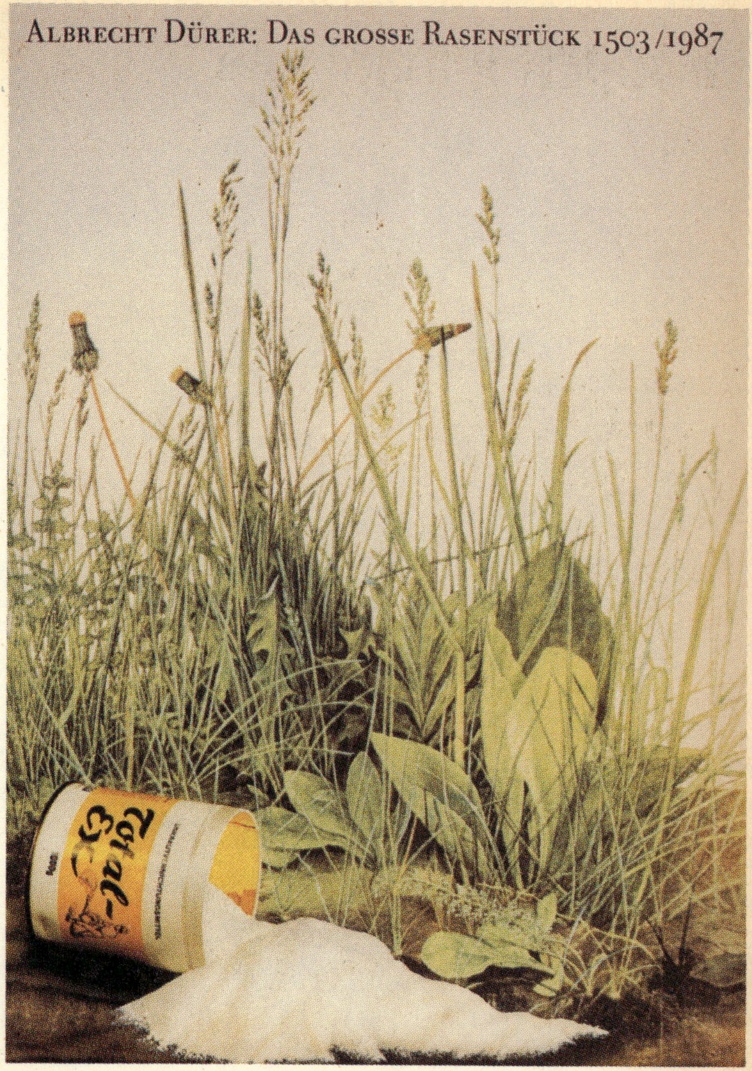

Das große Rasenstück (1987)

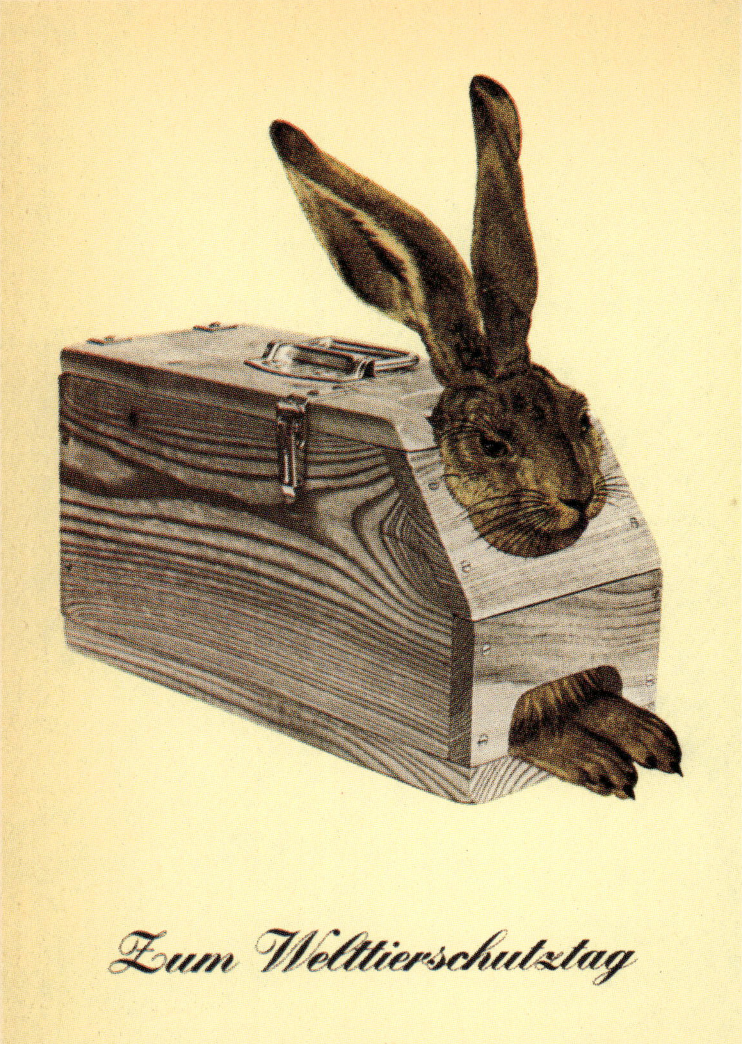

Dürer-Hase (1987)

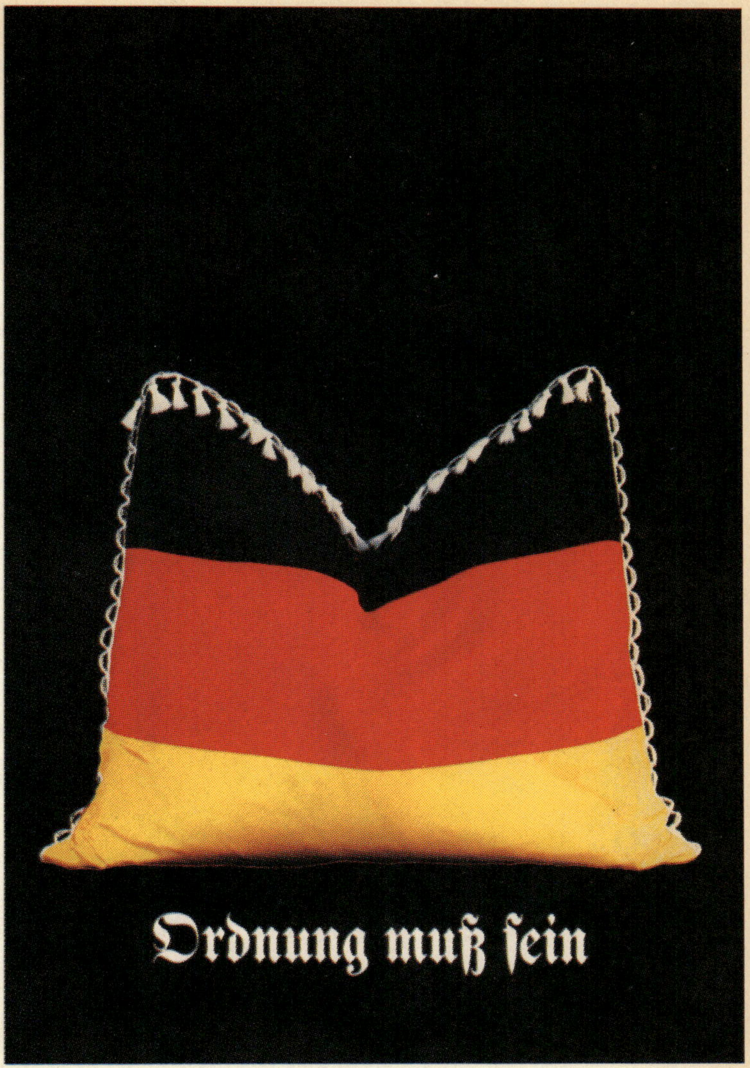

Ordnung muß sein (1987)

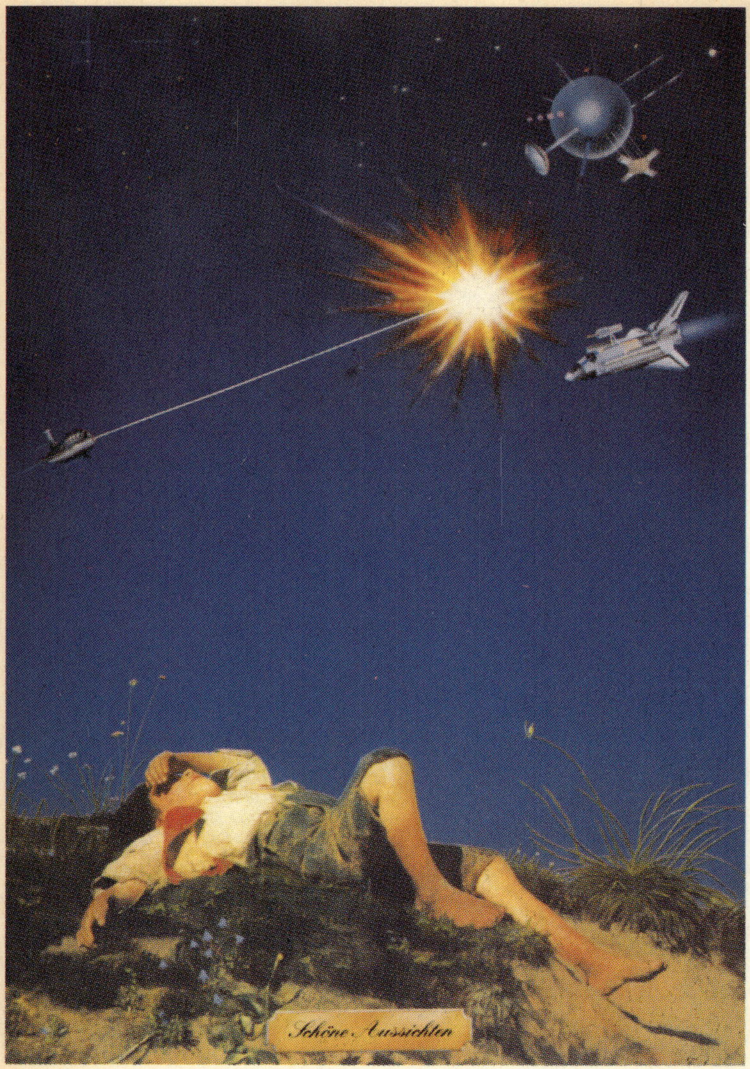

Schöne Aussichten (1987)

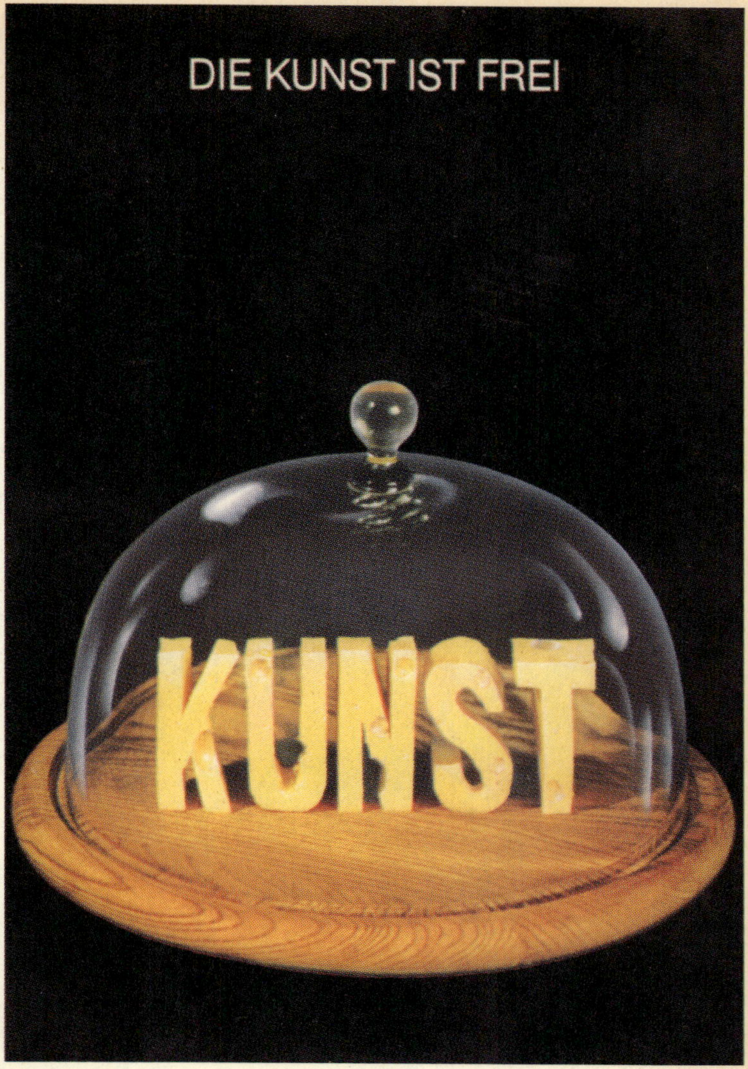

Die Kunst ist frei (1987)

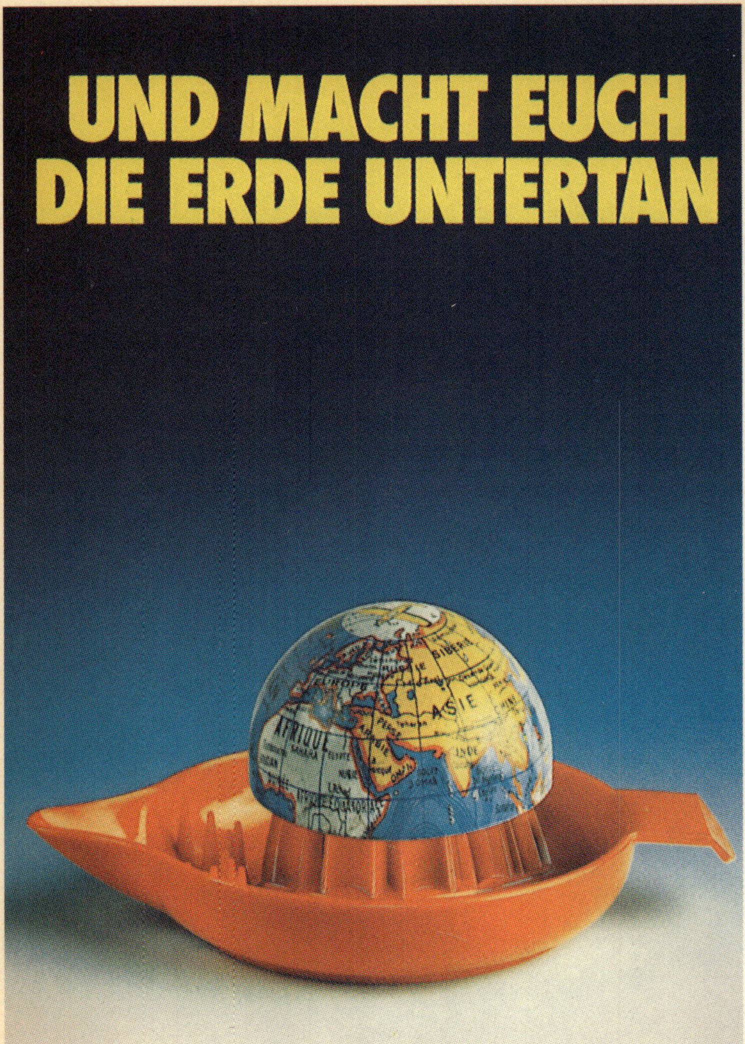

Und macht euch die Erde untertan (1987)

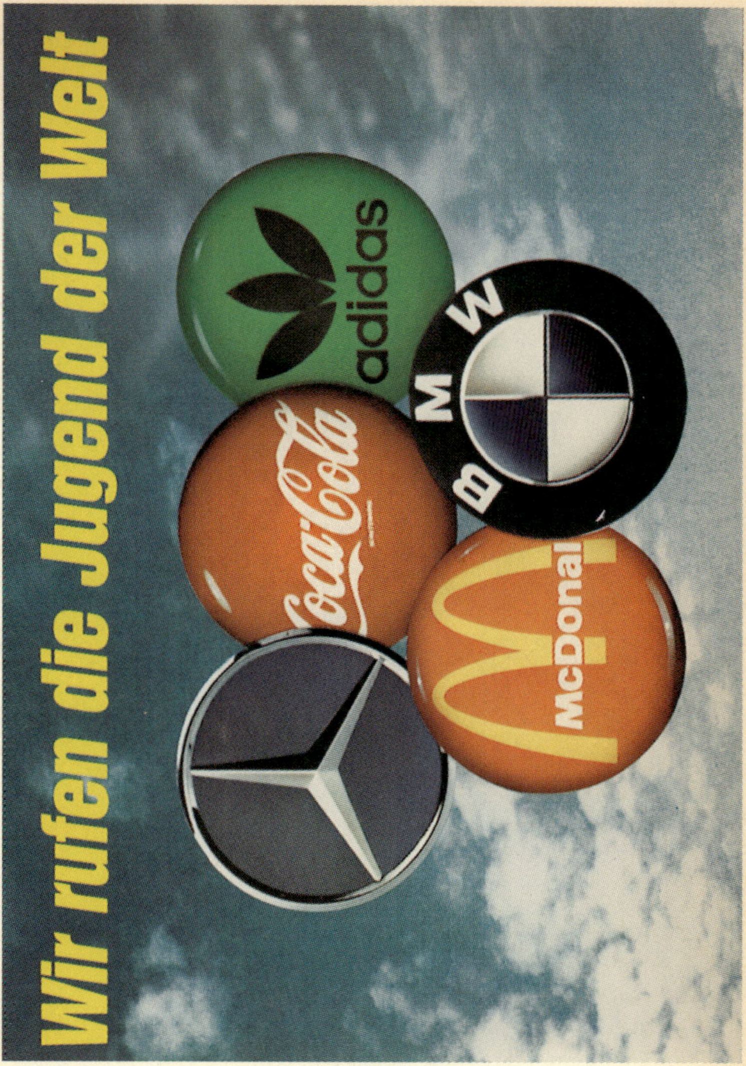

Zur Olympiade (1988)

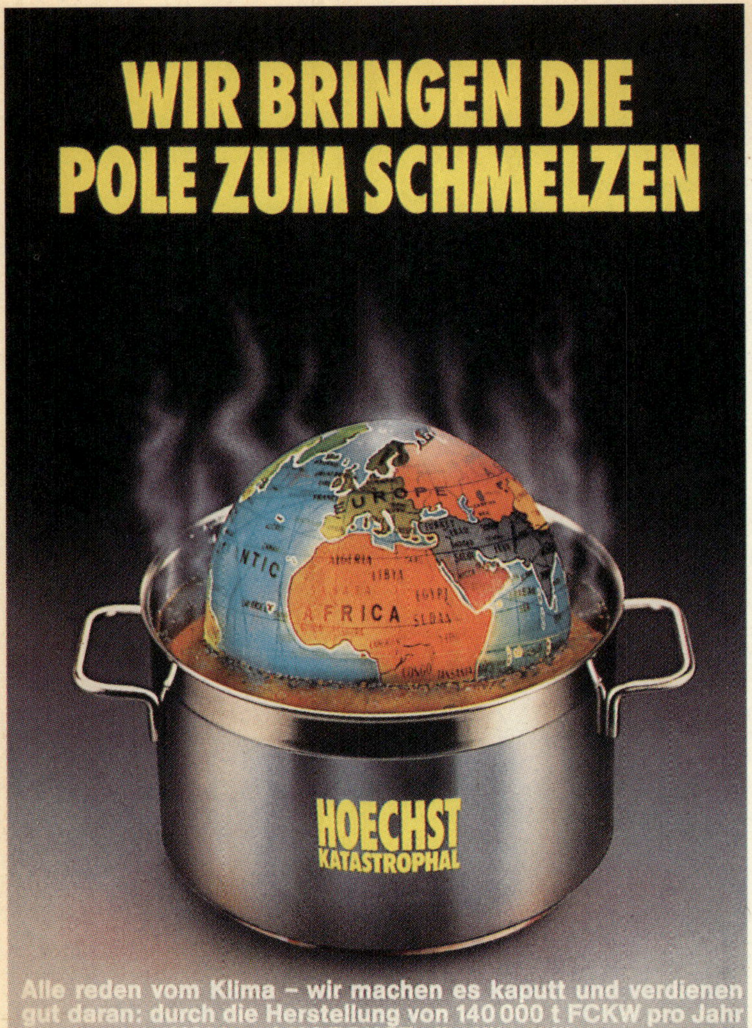

HOECHST-Katastrophal (1988)

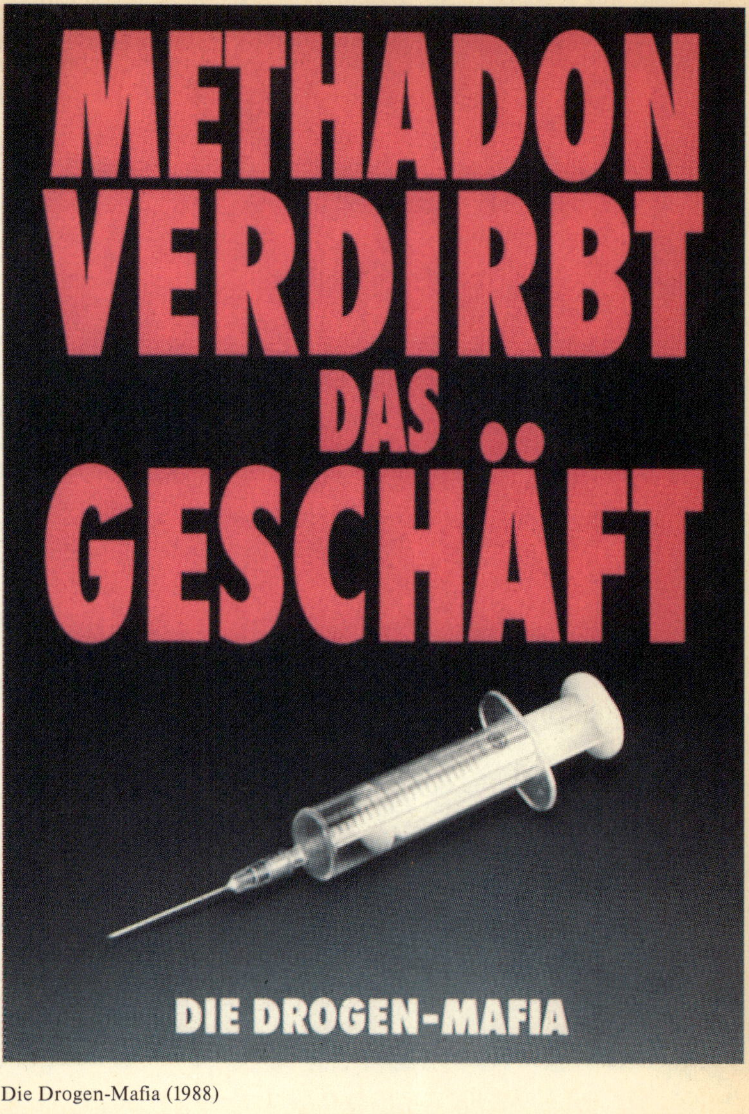

Die Drogen-Mafia (1988)

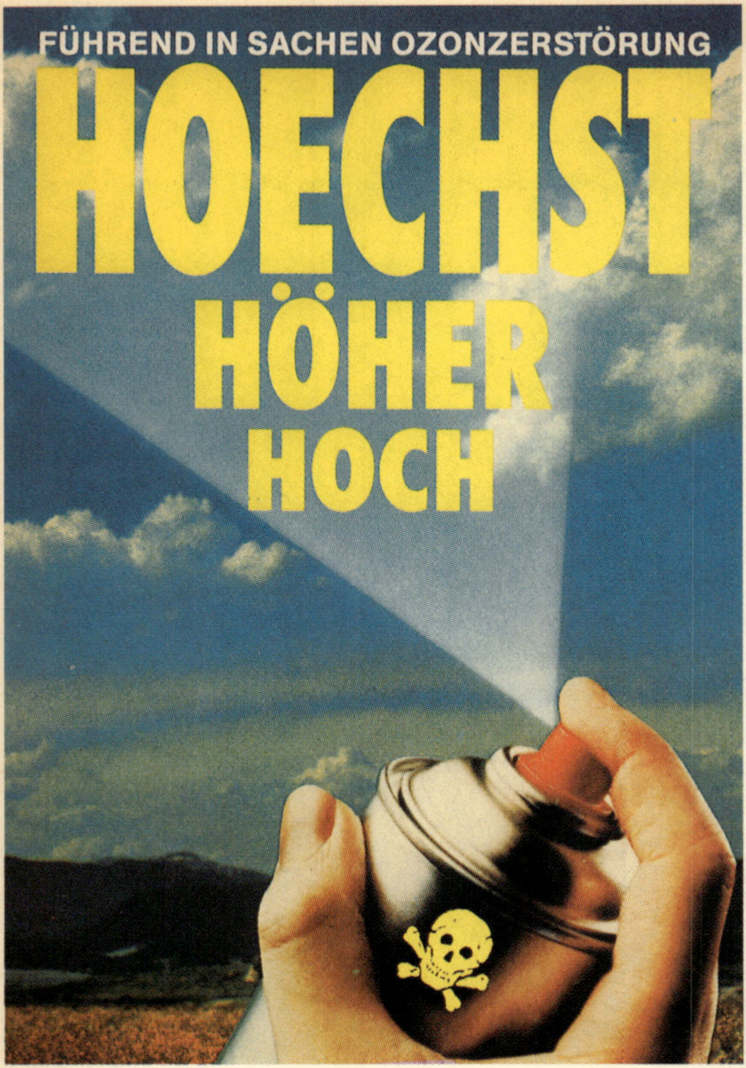

Das Ozonloch wird größer (1988)

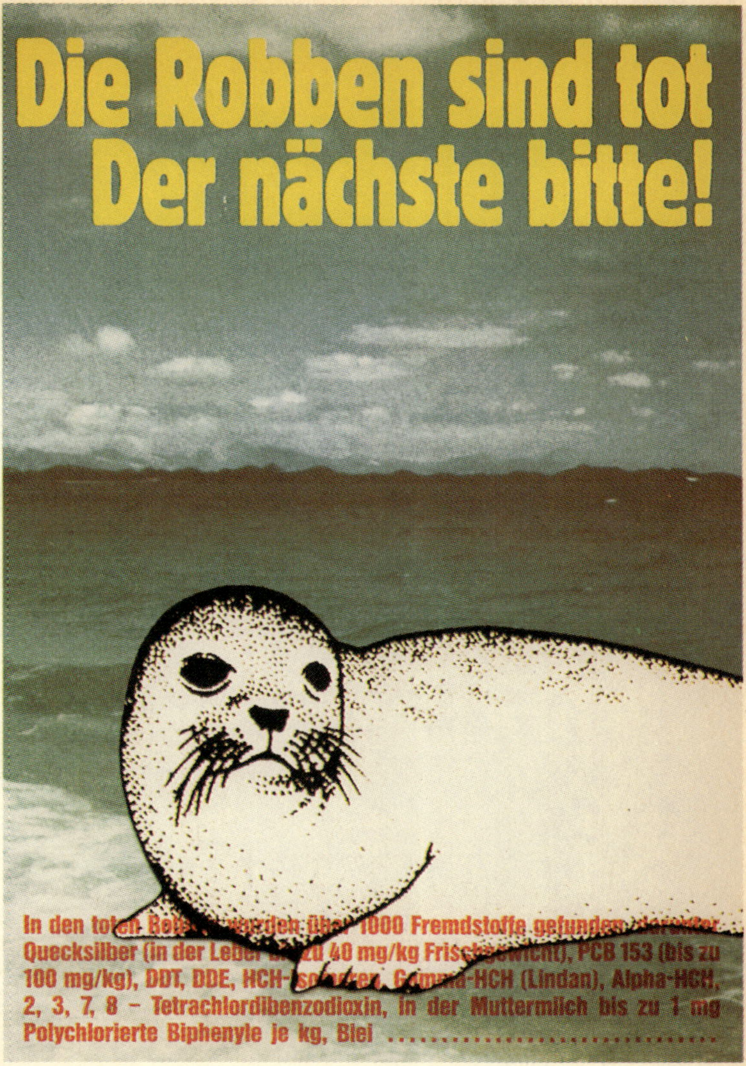

Der nächste bitte (1988)

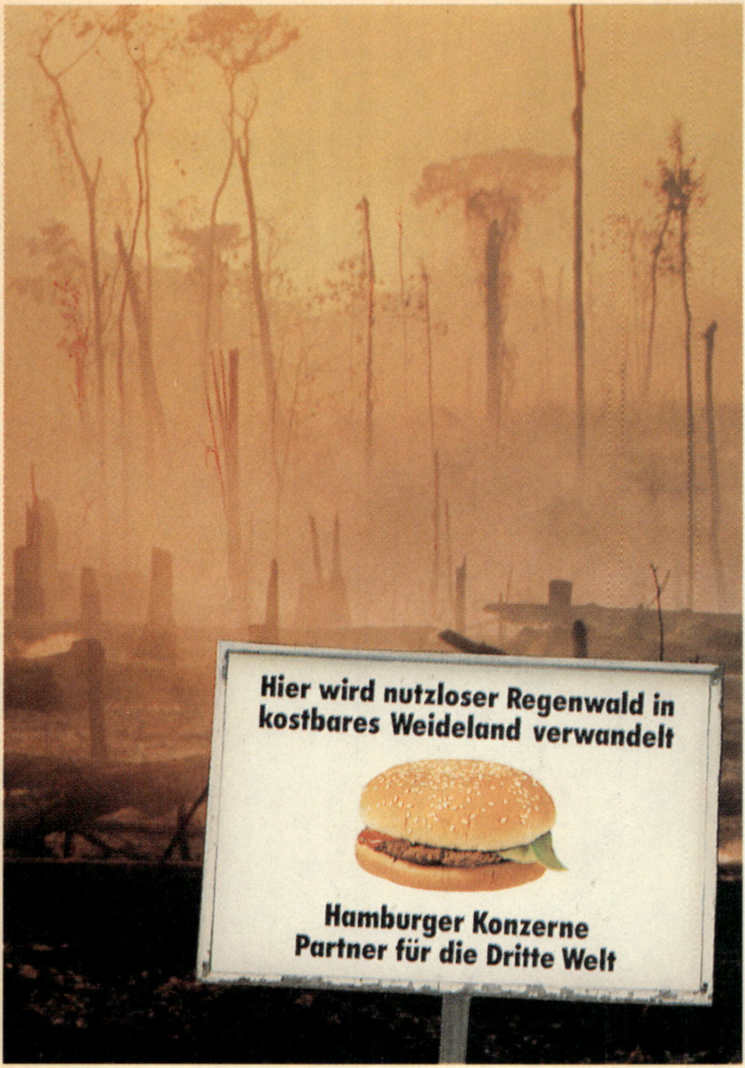

Hamburger-Konzerne (1989)

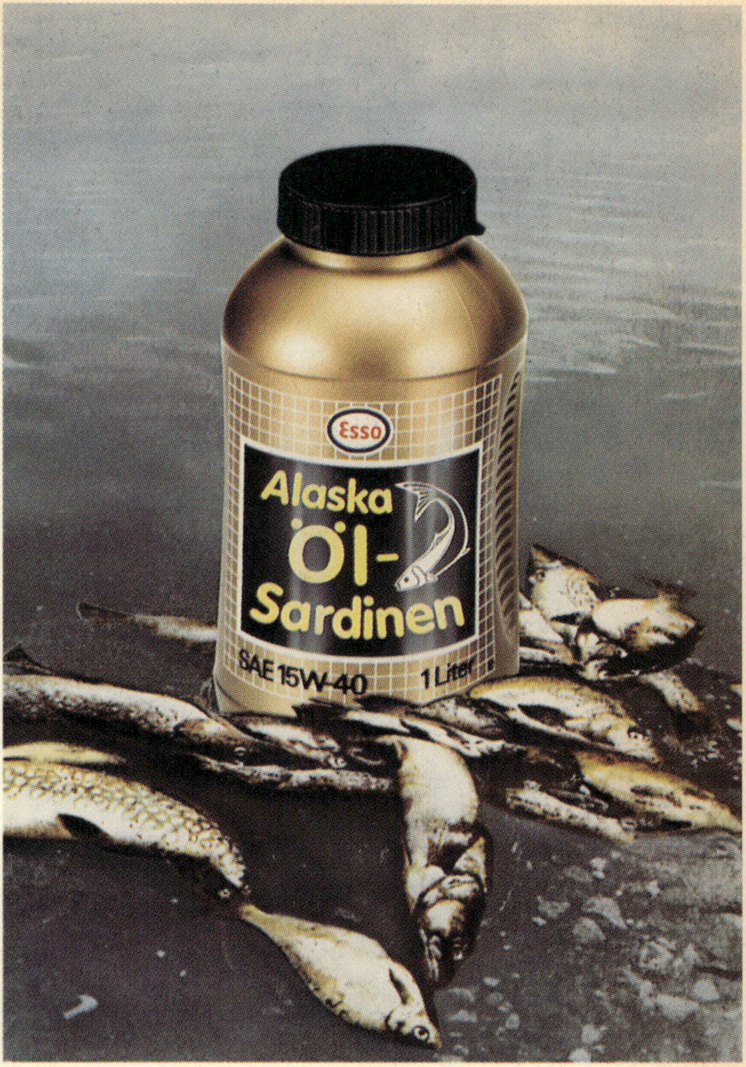

Alaska-Ölsardinen (1989)

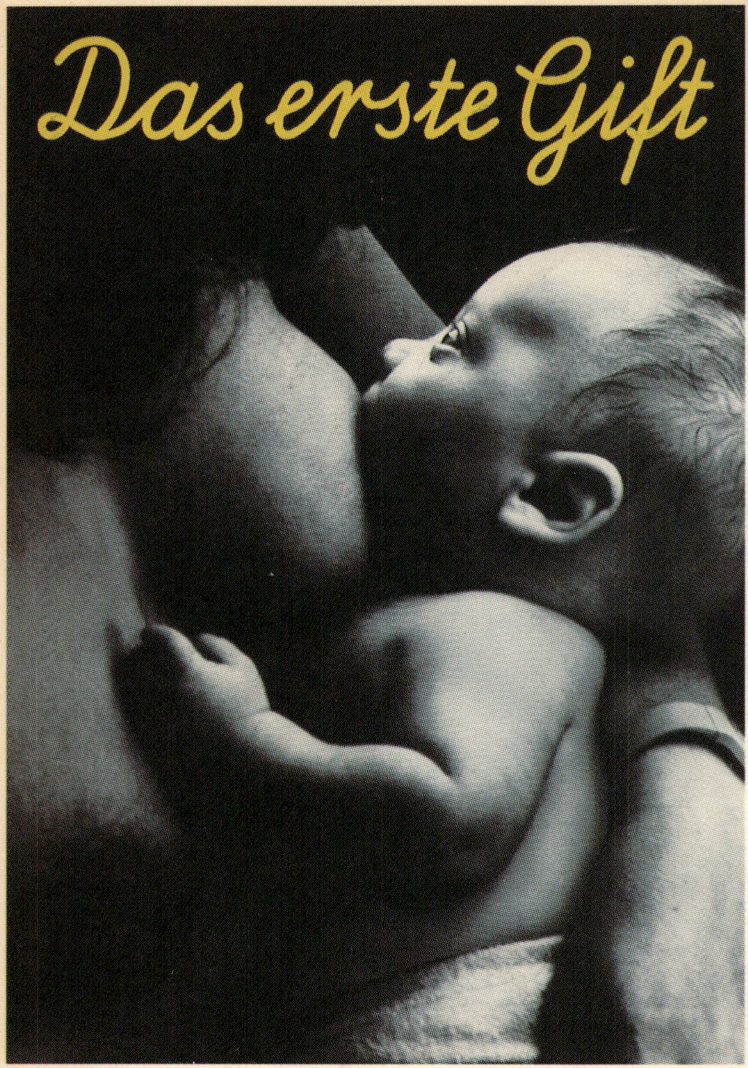

Das erste Gift (1989)

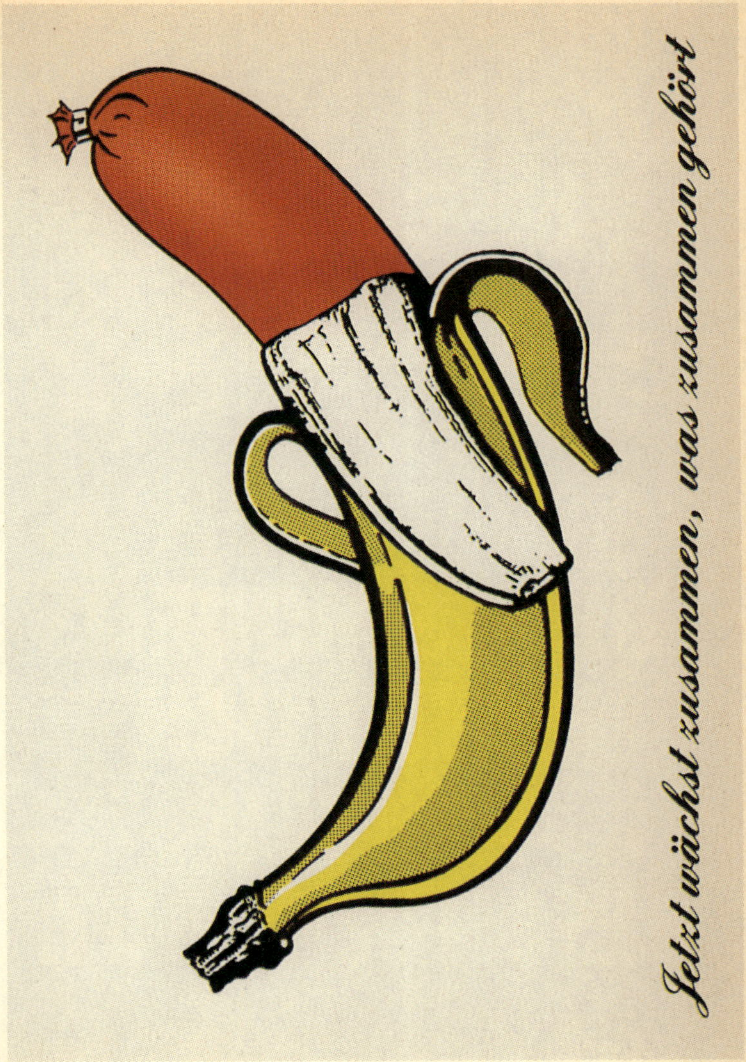

Nun wächst zusammen, was zusammen gehört (1990)

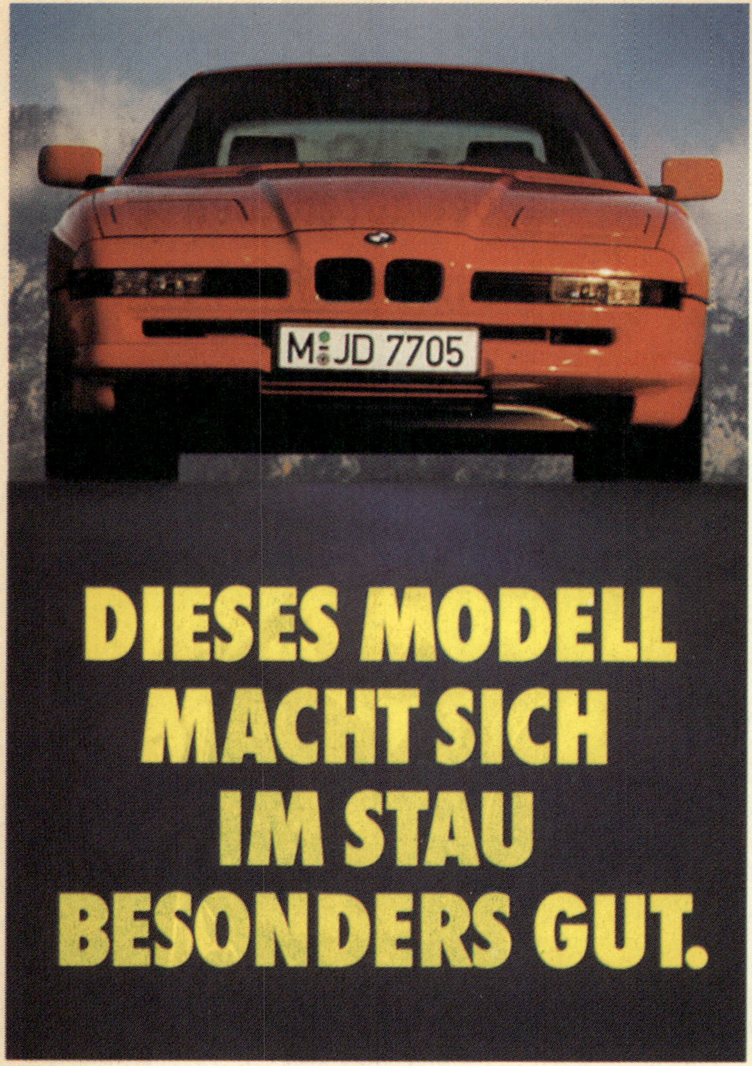

Stauberatung (1991)

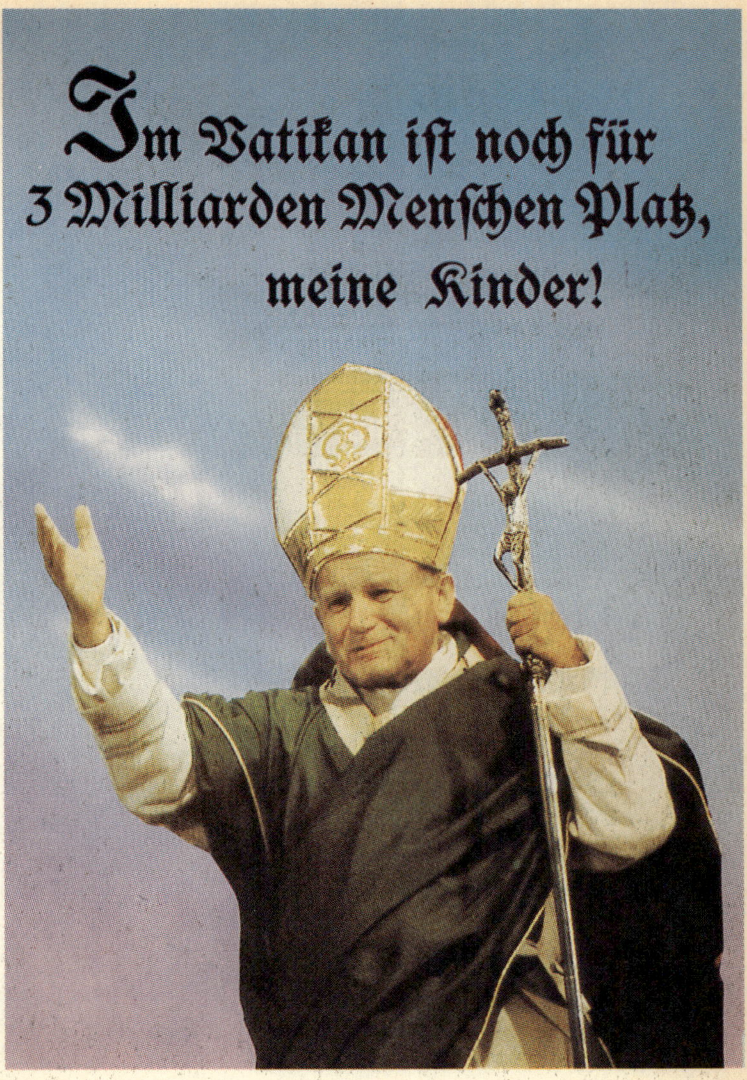

Der Quartiermeister (1991)

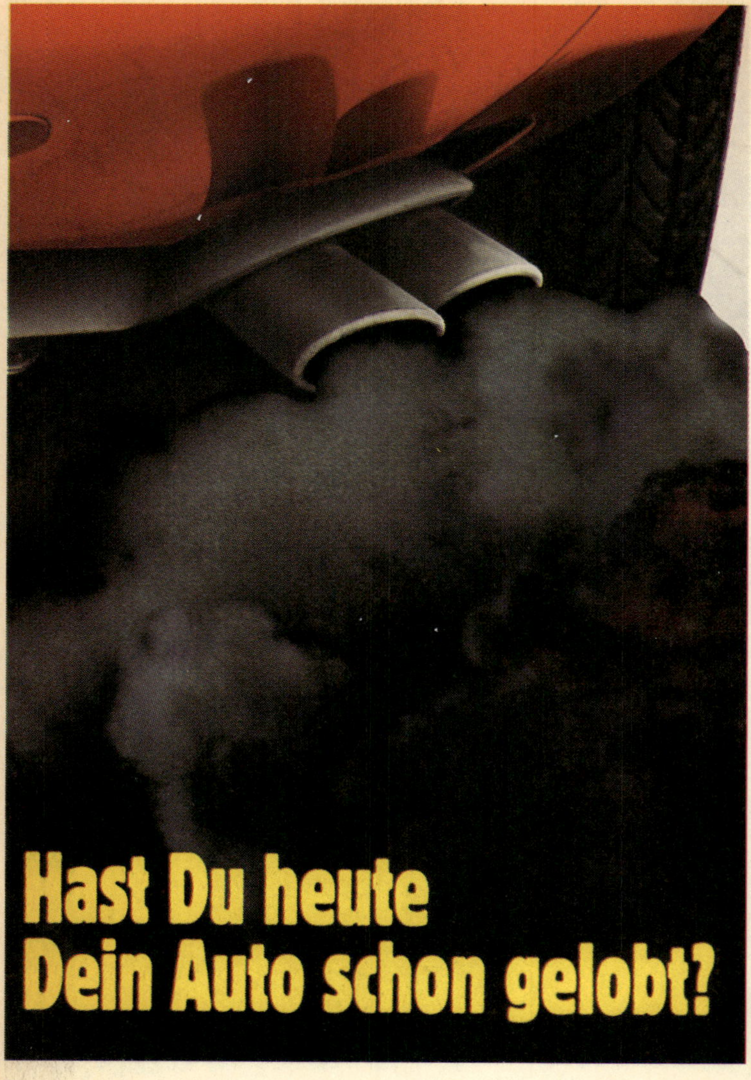

Beziehungskiste (1991)

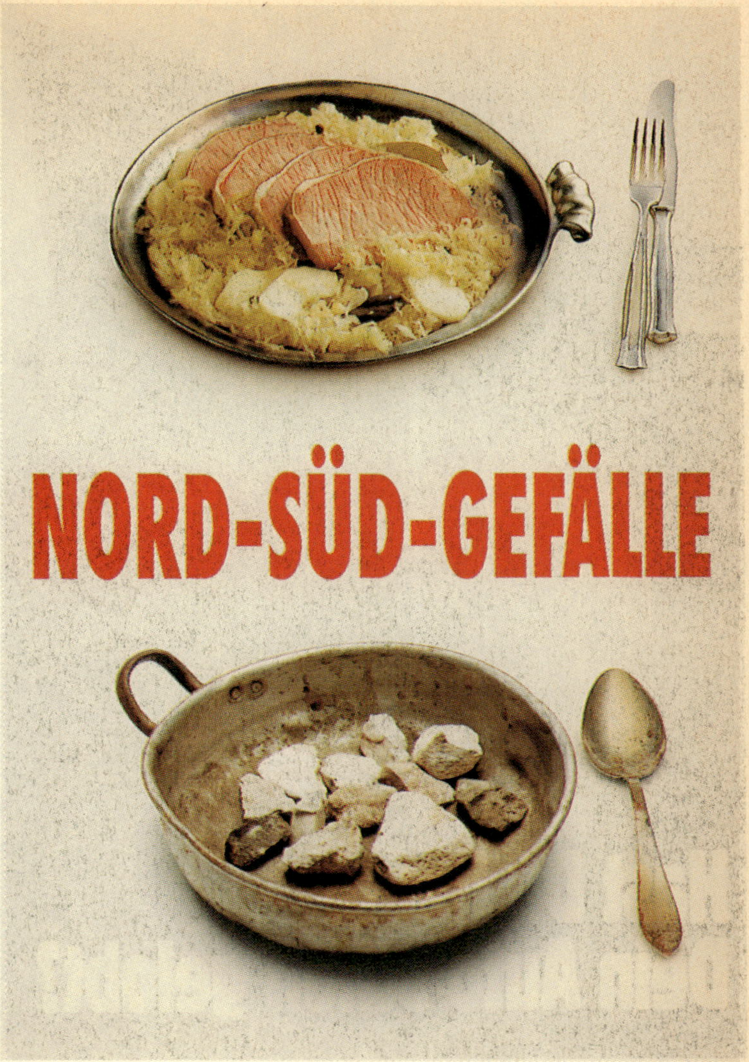

Nord-Süd-Gefälle (1991)

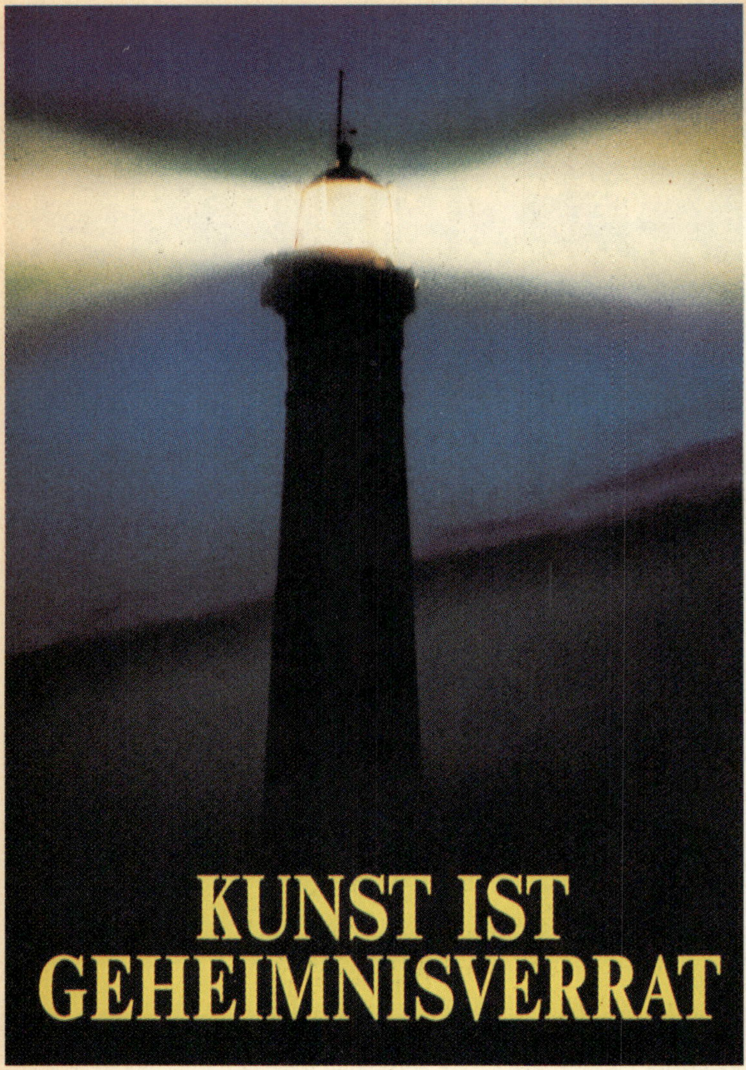

Geheimnisverrat (1992)

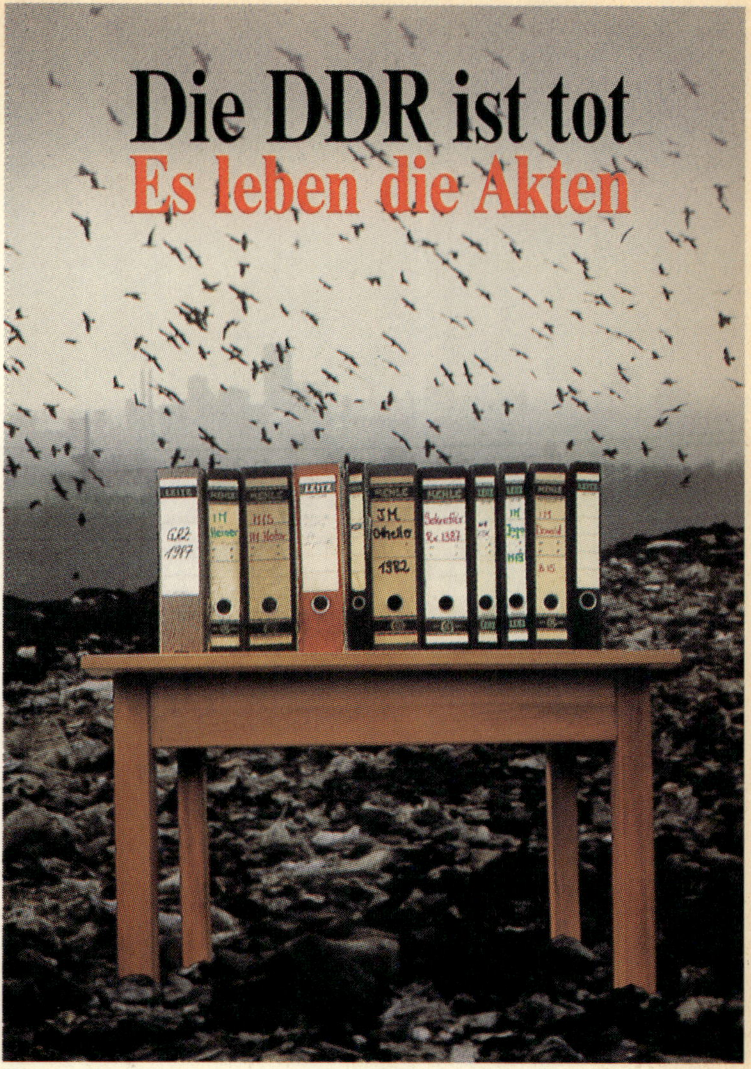

Akteneinsicht (1992)

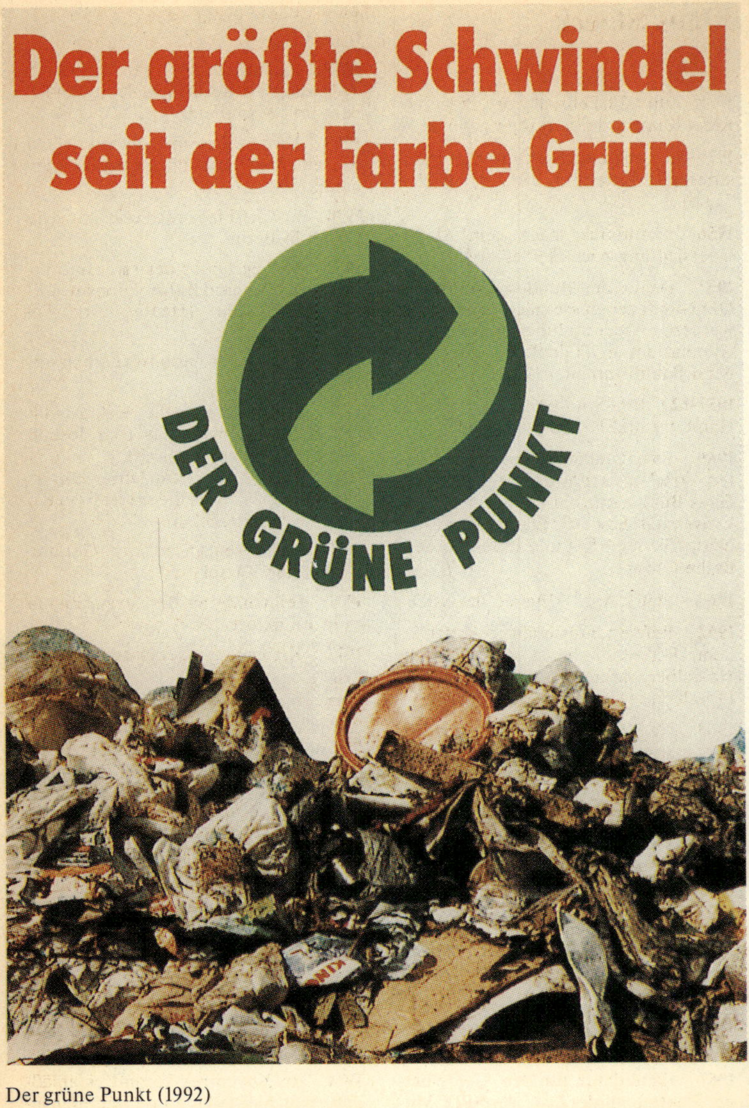

Der grüne Punkt (1992)

Klaus Staeck

1938 am 28. Februar in Pulsnitz/Kreis Kamenz bei Dresden geboren.

1939–56 aufgewachsen in der Industriestadt Bitterfeld (Bezirk Halle/Saale).

1956 unmittelbar nach dem Abitur Übersiedlung nach Heidelberg.

1957 Da in der Bundesrepublik die DDR-Reifezeugnisse nicht anerkannt wurden, Wiederholung am Bunsen-Gymnasium in Heidelberg. Anschließend Bauhilfsarbeiter.

1957–62 Jura-Studium in Heidelberg, Hamburg und Berlin.

1960 Es entstehen die ersten Postkarten, erste Ausstellung im Heidelberger Haus Bühl, veranstaltet vom AStA der Universität. Seit 1960 Plakate und Flugblätter für den AStA und andere studentische Gruppen.

1960 Seit 1. April Mitglied der SPD.

1962 Referendarexamen; anschließend Referendardienst in Weinheim, Heidelberg, Mannheim, Karlsruhe und Pforzheim.

1963 Nach der Organisation eines Studentenaustausches zwischen den Universitäten Heidelberg und Leipzig erste Besuche vom Verfassungsschutz, weil die damalige Bundesregierung zwar verbal für Ostkontakte eintrat, jede praktische Betätigung auf diesem Gebiet aber verfolgte.

1964 Erste Holzschnitte (bis 1967).

1965 Gründung des Produzentenverlags Edition Tangente (Jetzt: Edition Staeck).

1967 bis 1969 Kunsttutor der Studentenhochhäuser am Klausenpfad.

1967 Kandidatur für den Heidelberger Stadtrat auf der Liste der SPD. Mitglied des Kreisvorstandes der Heidelberger SPD und der Jungsozialisten.

1968 Erste gemeinsame Arbeit mit Joseph Beuys.

1969 Assessorexamen in Stuttgart. Zulassung als Rechtsanwalt in Heidelberg und Mannheim.

1969 Veranstaltet mit Jochen Götze in Heidelberg das Kulturfestival »intermedia '69«.

1970 1. Zille-Preis für sozialkritische Grafik in Berlin.

1970 Mitbegründer der IKI (Internationale Kunst- und Informationsmesse) Düsseldorf/Köln (Heute: Art Cologne).

1970 Beginn der Zusammenarbeit mit Gerhard Steidl.

1971 Aufruf gegen die Exklusivität des Kölner Kunstmarkts (mit Joseph Beuys und Erwin Heerich).
Erste Plakataktion zum Dürer-Jahr in Nürnberg (»Würden Sie dieser Frau ein Zimmer vermieten?«).

1971 Gastdozentur an der Gesamthochschule Kassel.

1971 Teilnahme an der »experimenta 4« in Frankfurt.

1972 Kreiert das »Deutsche Kunstsiegel«.

1972 Produziert im Bundestagswahlkampf etwa 1 Million Plakate, Postkarten und Aufkleber. Das Plakat »Deutsche Arbeiter! Die SPD will euch eure Villen im Tessin wegnehmen« erscheint allein in einer Auflage von 70 000 Exemplaren. Wird von der CDU in die ersten Prozesse verwickelt (inzwischen ist 40-mal vergeblich versucht worden, ein Plakat verbieten zu lassen).

1973 Vorsitzender des mit Joseph Beuys gegründeten Vereins »Freie Hochschule für Kreativität und interdisziplinäre Forschung«.

1973 Lehrauftrag an der Universität Gießen – Fachbereich Kunsterziehung.

1974 Im November kommt es anläßlich einer Ausstellung im Londoner Institute of Contemporary Art (ICA) unter Beteiligung des Goethe-Instituts im

Rahmen des Deutschen Monats zu einem Eklat, als ein CSU-Abgeordneter gegenüber Bundesaußenminister Genscher Anstoß nimmt, worauf Genscher die Ausstellung der Staeck-Plakate nachträglich offiziell mißbilligt. Breite Solidarität mit Staeck, als sich Heinrich Böll für ihn einsetzt.

1976 Am 30. März kommt es zum »Bonner Bildersturm«, als aufgebrachte Abgeordnete der CDU/CSU unter Führung des damaligen Bundestagspräsidenten Philipp Jenninger anläßlich einer Ausstellung von Staeck-Plakaten in der Parlamentarischen Gesellschaft in Bonn einige Plakate von den Wänden reißen.
Der Vorgang wird in über 1500 Presseberichten kommentiert, über 100 Ausstellungen schließen sich an, dabei kommt es aber auch zu über 50 Ausstellungsverhinderungen.

1976 Förderpreis der »Intergrafik«, Berlin (DDR). 1977 Bronzemedaille der Iba (Internationale Buchkunstausstellung Leipzig).

1977 100 Tage auf der Kasseler documenta 6.
Mitglied im Verband Deutscher Schriftsteller in der IG Druck + Papier.

1978 bis 1980 Erste umfassende Retrospektive »Rückblick in Sachen Kunst und Politik« in den Kunstvereinen Frankfurt und Heidelberg, Kongreßhalle Berlin, Künstlerhaus Wien, Haus der Jugend Graz, Rathaus Aarhus, Kunstverein Hannover.

1979 Kritikerpreis in Berlin und Goldmedaille der 4. Biennale für Fotomontage in Grudziadz/Polen.

1979 Gründung der Bürgerinitiative »Aktion für mehr Demokratie«.

1980 Gegen heftigen CSU-Protest wieder Ausstellungen in den Goethe-Instituten Marseille, Paris, Tel Aviv, Brüssel, New York, Chicago, San Francisco, Montreal, Toronto, Buenos Aires, Amsterdam u. a.

1981 Beginn der Aktion »Wir schreiben nicht für Springer-Zeitungen« mit Peter Rühmkorf, Günter Grass, Heinrich Böll und Walter Jens.

1981 bis 1982 Gastprofessur an der GHS Universität Essen.

1981 1. Preis der Internationalen Poster-Biennale in Lahti/Finnland.

1982 Teilnahme an der documenta 7. Mitglied im P.E.N. Zentrum.

1983 Mitglied im Beirat der Humanistischen Union.

1983 Großveranstaltung »Verteidigt die Republik« in der Essener Gruga-Halle mit Heinrich Böll, Dieter Hildebrandt u.v.a.

1984 Begleitet zusammen mit Joseph Beuys den Sprayer von Zürich, Harald Naegeli, vor seinem Strafantritt an die Schweizer Grenze.

1986 Preis der »3. Triennale Europeenne de l'Affiche politique« in Mons/Belgien. Ehrenmedaille der 11. Internationalen Grafik-Biennale in Krakow/Polen.

Seit 1986 Gastprofessor an der Kunstakademie Düsseldorf.

1987 Teilnahme an der documenta 8.

1988 Ausstellung in Moskau.

1989 bis 1990 Retrospektive in Bonn (NRW-Landeshaus), München (Stadtmuseum), Saarbrücken (Städtische Galerie), Bitterfeld (Kreismuseum).

1990 Mitglied der Akademie der Künste zu Berlin.

1991 Ausstellung in Madrid (Museum für zeitgenössische Kunst).

1992 Zusammen mit Eugen Blume und Christoph Tannert die 3. Bitterfelder Konferenz organisiert.

1992 Während der documenta 9 Ausstellung im Container auf dem Kasseler Friedrichsplatz.

Klaus Staeck Bibliographie

»Pornografie« (Steidl Verlag 1971)

»Befragung der documenta« (Steidl Verlag 1972)

»Plakate abreißen verboten!«, herausgegeben von Ingeborg Karst (Steidl Verlag 1972)

»Die Reichen müssen noch reicher werden«, herausgegeben von Ingeborg Karst (Rowohlt Verlag 1973)

»Der Fall Staeck«, herausgegeben von Ingeborg Karst (Steidl Verlag 1974)

»Die Kunst findet nicht im Saale statt«, mit Dieter Adelmann (Rowohlt Verlag 1976)

»Der Bonner Bildersturm« (Steidl Verlag 1976)

»Worte des Statthalters Kohl« (Steidl Verlag 1976)

»Eine Zensur findet gelegentlich statt« (Steidl Verlag 1977)

»Briefe zur Verteidigung der Republik« (Herausgeber zusammen mit Heinrich Böll und Freimut Duve, Rowohlt Verlag 1977)

»Briefe zur Verteidigung der bürgerlichen Freiheit« (Herausgeber zusammen mit Heinrich Böll und Freimut Duve, Rowohlt Verlag 1978)

»Einschlägige Worte des Kandidaten Strauß« (Steidl Verlag 1979)

»Gedichte/Collagen« (mit Heinrich Böll, Lamuv Verlag 1979)

»Rückblick in Sachen Kunst und Politik« (Steidl Verlag 1980)

»Kämpfen für die sanfte Republik« (Herausgeber zusammen mit Heinrich Böll und Freimut Duve, Rowohlt Verlag 1980)

»Zuviel Pazifismus?« (Herausgeber zusammen mit Heinrich Böll und Freimut Duve, Rowohlt Verlag 1981)

»Die Leiden des Axel Cäsar Springer« (Steidl Verlag 1981)

»Verantwortlich für Polen?« (Herausgeber zusammen mit Heinrich Böll und Freimut Duve, Rowohlt Verlag 1982)

»Macht Ali deutsches Volk kaputt?« (mit Inge Karst, Steidl Verlag 1982)

»Die Gedanken sind frei« (Eulenspiegel Verlag 1982)

»Verteidigt die Republik« (Steidl Verlag 1983)

»Stell Dir vor, es ist Wahltag, und alles wird schwarz« (Steidl Verlag 1983)

»Alles unter Kontrolle?« (Steidl Verlag 1983)

»Im Mittelpunkt steht immer der Mensch« (dtv-Postkartenbuch 1984)

»Staecks Umwelt« (Steidl Verlag 1984)

»Verteidigt die Kultur« (mit Inge Karst-Staeck, Steidl Verlag 1984)

»Bahnbrechende Wort von Kanzler Kohl« (Steidl Verlag 1984)

»Staeckbriefe« (Steidl Verlag 1985)

»Alt Heidelberg das Meine« (Eulen Verlag 1985)

»Die Bonner Laienspielschar« (Steidl Verlag 1986)

»Die Kreuzzüge des Heiner Geißler« (Steidl Verlag 1986)

»Wir kommen weit her« zusammen mit Heinrich Böll (Steidl Verlag 1986)

»Ohne die Rose tun wirs nicht« – für Joseph Beuys (Edition Staeck 1986)

»Beuys in Amerika« zusammen mit Gerhard Steidl (Edition Staeck 1987)

»Nazi-Kunst ins Museum?« (Steidl Verlag 1988)

»Plakate« (Steidl Verlag 1988)

»Unser täglich Gift« (Steidl Verlag 1989)

»ADAC ade« (Steidl Verlag 1990)

»Brauchen wir eine neue Regierung?« (Steidl Verlag 1990)

»Bericht zur Schieflage der Nation« (Steidl Verlag 1991)

Bitte bestellen Sie das kostenlose, farbige Gesamtverzeichnis aller lieferbaren Staeck-Plakate, den »Staeckbrief«. Falls Sie an der Durchführung einer Ausstellung interessiert sind, informieren wir Sie gerne.